Schalom Ben-Chorin · Jugend an der Isar

SCHALOM BEN-CHORIN

Jugend an der Isar

LIST VERLAG

Umschlagentwurf: Wolfgang Taube

ISBN 3 471 77147 6

© 1974 Paul List Verlag, München. Alle Rechte vorbehalten.
Satz: Fertigsatz GmbH, München
Druck: K. Wenschow, München
Bindearbeit: R. Oldenbourg, München

INHALT

DEM ANDENKEN

MEINER SCHWESTER JEANNE BACHMANN

17. JUNI 1907 – 30. AUGUST 1972

Nicht vom Glockenspiel am Münchner Rathaus ist hier die Rede, obwohl es das Entzücken meiner Kindheit war. Wenn täglich um 11 Uhr am Marienplatz sich das Turnier der Landshuter Fürstenhochzeit im Puppenspiel wiederholt, wenn in anderer Etage sich der Schäfflertanz immer neu ereignet, versammeln sich Reisende aus Europa und Amerika um dieses mechanische Wunderwerk zu bestaunen, aber auch der Münchner selbst hält wohl den Schritt an, um diese harmlose Schaustellung unter Glockenmusik immer wieder zu genießen. Auch ich habe es nicht verabsäumt, meinen Kindern diese Wonne der eigenen Kindheit bei Besuchen in München zu bieten.

Das Glockenspiel vom Rathaus läutete durch meine Kinderträume, wobei sich die Freude über die bunten Figuren und die klingenden Glocken mit einer seltsamen Angst vermählte. Ich selbst stand inmitten der Szenerie, mußte vor den anreitenden Rittern oder den tanzenden Schäfflern, den Fanfarenbläsern und Narren fliehen und in kühnem Sprung vom Rathausturm in die Tiefe fallen.

Ich überlasse es neidlos den Psychoanalytikern, diesen sich stets wiederholenden Kindheitstraum zu deuten. Er hängt innig zusammen mit einem Horrortraum, der auf das in München so beliebte Handspielpuppentheater mit dem Kasperl zurückgeht, das ich auf der Auer Dult und bei Darbietungen eines Giesinger Gesellenvereins gesehen hatte. Der Münchner Humor machte nicht einmal vor dem Tode halt, der als Totenschädel im langen Sterbehemd erschien. Dieser makabre Scherz verdüsterte das kindliche Gemüt.

Bis heute ist mir eine gewisse Scheu vor Handspielpuppen geblieben, vielleicht weil ich sie – natürlich im Unterbewußtsein – frühzeitig als Symbol des manipulierten Menschen erkannte.

Das berühmte Glockenspiel mit seinen mechanischen Figuren hatte für mich ebenfalls eine dämonische Schattenseite, die ich noch immer verspüre, zumal mir Figuren auf hohen Gebäuden, vor allem Karyatiden, immer unheimlich sind. Nur zögernd kann ich ein Bauwerk betreten, dessen Balkone von vollbusigen Genien oder wilden Männern getragen werden. Die kindische Furcht, daß diese unentwegten Lastträger sich ihrer Bürde entledigen könnten, werde ich nicht los.

Das Schicksal hat es gut mit mir gemeint: in Jerusalem kennt man derartigen Fassadenschmuck nicht, eingedenk des biblischen Verbotes: »Du sollst dir kein Bildnis machen«, an das sich Juden und Mohammedaner halten.

Aber ich will nicht vom berühmten Glockenspiel auf dem Rathausturm erzählen, sondern von einem anderen Glockenspiel, das unter diesem Namen nicht bekannt, aber in meinem inneren Ohr gegenwärtig ist. Das Glockenspiel, dem ich gegen Mittag in der paradiesischen Umwelt des Englischen Gartens auf dem Monopteros lauschte.

In diesem kleinen neugriechischen Tempel saß ich oft lesend. Wenn ich aber den Blick von den Seiten hob, fiel er auf die Türme der Stadt, die ihre Wahrzeichen bilden, und wenn dann die Glocken zu schlagen begannen, konnte ich sie wohl unterscheiden – das Dröhnen vom Dom der Frauenkirche, der Ruf von St. Peter und von Heilig Geist und vordergründig der Klang der barocken Theatinerkirche.

Nur wer das Lied, die Symphonie der heimatlichen Glocken so kennt (oder kannte), scheint mir ganz zugehörig zu sein, so sehr es ihm bestritten sein mochte.

Der Weg von meinem Elternhaus an der Oettingenstraße zur Universität führte durch den Englischen Garten und ein kleiner Abstecher brachte mich immer wieder auf die künstliche Höhe des Monopteros, wo ich tags die Wonnen der Einsamkeit, nachts wohl auch manchmal die der Zweisamkeit kosten durfte.

Unvergeßliche Stunden. Hier las ich Thomas Manns »Krull«, der in meiner Erinnerung mit dem Monopteros verbunden bleibt. Hier schrieb ich auch selbst Verse und Prosa, gelöster als es am Arbeitstische möglich gewesen wäre.

Was ist Heimat? Ich glaube, nur ein ganz kleiner Ausschnitt aus Land und Stadt der Herkunft. Für den Reisenden, für den Fremden mag sich eine Stadt wie München als eine Einheit präsentieren. Die großen Sehenswürdigkeiten und die Kunstdenkmäler, die prächtigen Bauten und die imponierenden Straßenzüge fügen sich ihm zum unvergeßlichen Bilde. Nicht so dem, der hier geboren wurde. Er sieht das Große im Kleinen – aus der Perspektive des Kindes, das an der Hand der Mutter geht, aus der Perspektive des jungen Mannes, der schüchtern den Arm um die Hüfte des Mädchens legt, wobei ihn die Berührung erzittern läßt.

Das alles wird auf ganz wenige Plätze und Gegenden einer großen Stadt reduziert. Weite Viertel der Großstadt blieben mir fremd, so daß es nach Jahrzehnten eigentlich nur ein Wiedersehen mit den vertrautesten Gegenden der Stadt gab. Zu ihnen gehörte der Englische Garten und sein Herzstück – der Monopteros.

Immer wieder leuchtete er mir im Traume als ein Tempel der Sehnsucht auf. Ich sah ihn wieder, war nicht enttäuscht, wenn ich auch nicht mehr finden konnte, was dort unsichtbar verblieben war: die eigene Jugend.

Ich habe nie zu den Narren gehört, die, wie es hier am Monopteros so viele taten, ihren Namen auf Gedenksäulen kritzeln, unsichtbar bleibt er aber doch hier eingetragen.

Heimlicher Musiktempel, von dem ich dem Glockenspiel der Türme lauschte. Auch die Türme ragten in meine Träume, wobei sie sich des Nachts auflösten und erst in der Morgenfrühe wieder zu erkennbarer Kontur zusammenrückten. Warum lösten sie sich in der Dunkelheit (kunstvolle Anstrahlungen war noch unbekannt) in Nichts auf? Ich weiß es nicht, aber ich ahne es. Der kindliche Traum übersetzt in seiner Weise die philosophische Erkenntnis, daß unsere Realität nur das Schattenbild der Ideen darstellt.

Die Schatten schwinden, wenn die Sonne gesunken ist.

Ich bin überzeugt, daß in der Seele des Kindes archetypische Vorstellungen bis zur akustischen Realität verdichtet werden können. Mein eigener Sohn belehrte mich in dieser Hinsicht. Als kleines Kind behauptete er mit unumstößlicher Gewißheit, den Gesang der Sterne zu hören.

Niemand hatte ihm von der aristotelischen Musik der Sphären erzählt, der Prolog im Himmel aus dem »Faust«:

Die Sonne tönt, nach alter Weise,
In Brudersphären Wettgesang

war dem Siebenjährigen bestimmt völlig unbekannt.

Unter den Bauten, die sich in der Nacht verflüchtigten, sind vor allem auch die mittelalterlichen Tore der Stadt zu nennen, das Isartor, das Sendlinger Tor, das Karlstor, und wie sie alle heißen mögen, auch die gewaltigen Kirchen – aber nie der Monopteros. Dieser besonders zarte Bau, wie mit Pastellfarben in die künstliche Landschaft hineingezeichnet, trotzte der Dunkelheit ... Stärke, Dauerkraft des Schwachen, Fragilen.

Wenn ich in diesen Seiten zurückblicke, so möchte ich den Monopteros gleichsam zum Standquartier wählen und von ihm aus den Rückblick wagen, ihn zu *meinem* »Lug ins Land« machen.

Was ist es für ein Land, das der Blick vom Monopteros umfängt? Ein geliebtes und ein erlittenes Land, ein Land fragloser Vorgegebenheit, in welcher nicht nur die Kastanienbäume rauschten und die Pfingstrosen blühten, sondern auch (welch schreckliches Bild!) die Fragen wuchsen und wucherten, die die Fraglosigkeit wie mit Moos überzogen.

In sieben Kapiteln, sieben Stationen, versuche ich den Weg durch dieses Land nachzuzeichnen. Dieser Versuch ist notwendigerweise zum Scheitern verurteilt. Wie sollte es gelingen, nach einem halben Jahrhundert noch einmal das Entscheidende zu orten? Muß nicht allzuviel im Sog des Vergessens verschwunden sein? Hat sich nicht hier und dort die Kulisse unheilbar verschoben, so daß ein Zerrbild zustande kommen muß?

Das alles weiß der nicht mehr junge Erzähler sehr wohl. Die Unzuverlässigkeit seines Standortes ist ihm bewußt, aber zugleich vertraut er auf den Organismus der Erinnerungen. Was wir bewahren, ist nicht immer das Wesentliche, aber es ist für *uns* das Wesentliche – und nur davon können wir Zeugnis ablegen.

Das Zeugnis zählt, so bescheiden es auch sein mag. So unrepräsentativ jugendliche Existenz war, so gibt ihr doch die Patina der Jahrzehnte eine nicht geahnte und nicht erstrebte Repräsentanz. Man wird Exponent einer Vergangenheit, die in die Gegenwart ragt.

Aus Bibliotheken und Archiven, aus Tagebüchern und Korrespondenzen berühmter und weniger berühmter Zeitgenossen, kann der Historiker versuchen, das Bild einer Epoche zu formen. Nicht so der sich Erinnernde. Er lauscht dem Glockenspiel der abgelebten Zeiten, bringt es noch einmal zum Tönen und läßt die Vergangenheit als seine bewahrte Gegenwart für Minuten aufklingen.

Das Glockenspiel, dem ich vom Monopteros lauschte, klingt mir weiter nach. Es war die Symphonie meiner Kindheit und Jugend. Der kalte Wind, der durchs Land blies, trieb mich an die ferne Küste meiner Urheimat, in der ganz andere Töne erklangen. In Jerusalem waren es nicht mehr so sehr die Glockentöne, auch wenn sie hier nicht völlig fehlen, denen sich das Ohr und die Seele erschlossen. Der lang hinhallende Ruf des Muezzin von den Minaretts und das weltalte Schmettern des Widderhorns an der Klagemauer bilden die Urtöne Jerusalems.

Aber das alles klingt zusammen in der Symphonie meines Lebens, Symphonie mit Glockentönen, vox humana und Hornpartien.

Da ich leider keine Noten schreiben kann, mußte ich die Symphonie in Worte umsetzen. Hier ist sie – eine Abschiedssymphonie.

Jerusalem, im Februar 1974   S.B.C.

Die Weihnachtsnacht des Jahres 1928 bleibt mir unvergeßlich, denn sie wurde zu einem Wendepunkt in meinem Leben. Der Fünfzehnjährige erfuhr schmerzlich die Weisung, die einst an seinen Stammvater Abraham ergangen war:»Geh aus deinem Vaterland und von deiner Verwandtschaft und aus deines Vaters Hause in ein Land, das ich dir zeigen will.« Noch war die Stunde nicht gekommen für den Auszug aus dem Lande, wohl aber aus der Verwandtschaft und dem Vaterhause – und dies in einem wörtlichen Sinne.

In meinem Elternhause pflegte man Weihnachten ähnlich zu begehen wie die Nachbarn, freilich wurde dabei der eigentliche, der religiöse Sinn dieses Festes ausgeklammert. Viele deutsche Juden hatten diese Gewohnheit angenommen und schon im Hause von Adolf Schlüsselblum aus Landau in der Pfalz, meines Großvaters mütterlicherseits, der nun ebenso wie meine Eltern in München lebte, strahlte ein Weihnachtsbaum. Man fand verschiedene Vorwände für diese christliche Sitte im jüdischen Hause. Manche Familien behaupteten, diese schöne Sitte nur mit Rücksicht auf das christliche Dienstmädchen zu pflegen, andere wiederum, wie mein sehr deutschnationaler Onkel, der Arzt Dr. Kastan, betonten nicht zu Unrecht, daß der Christbaum mit dem Christentum ja eigentlich nichts zu tun habe, sondern ein Relikt des germanischen Julfestes darstelle und somit ein Symbol der Wintersonnwende sei.

Dabei wurde die Frage allerdings gar nicht gestellt, ob die Nachkommen der Kinder Israels unbedingt das germanische Brauchtum pflegen sollten.

Bei uns, den Rosenthals, wurde das Weihnachtsfest überhaupt

nicht debattiert. Man soll die Feste feiern wie sie fallen – das war die Philosophie des bürgerlichen Milieus, das mich umgab.

Es wäre wohl für meine Schwester Jeanny und mich, ihren sechs Jahre jüngeren Bruder, auch schmerzlich gewesen, wenn die festliche Nacht bei uns ohne Licht und Wärme geblieben wäre.

Es kam uns nicht in den Sinn, daß es etwa um dieselbe Zeit der Wintersonnwende ein jüdisches Lichterfest gibt, Chanukka genannt, das an den Sieg der Makkabäer über den Diadochenkönig Antiochus Epiphanes (167 v. Chr.) und an ein Ölwunder im Tempel zu Jerusalem erinnert.

Das Tempelweihefest wird merkwürdigerweise nicht in der hebräischen Bibel, wohl aber im Neuen Testament, im Johannesevangelium (10,22) erwähnt. Es ist wahrlich paradox, daß im Evangelium zwar das jüdische Chanukkafest erwähnt wird, daß aber vom Datum der Geburt Christi nichts zu lesen ist.

Das alles war mir in der Weihnachtsnacht des Jahres 1928 noch nicht bewußt, wohl aber spürte ich zutiefst, daß wir kein Recht hatten, ein Fest der Christenheit zu begehen und gleichzeitig an unserem Judentum festzuhalten. Es war eine schmerzliche Erkenntnis, denn ich liebte dieses Fest mit allen Sinnen.

Schon etwa zwei Wochen vor Weihnachten wurde der eiskalte Salon abgesperrt, denn hier wurden die Geschenke gehortet, die uns dann am Heiligabend auf dem mit einem Damasttuch bedeckten und mit Tannenreisern geschmückten Gabentisch erwarteten. Der Höhepunkt blieb für mich aber immer der Weihnachtsbaum selbst, den meist Mutter und Schwester prächtig schmückten. Er sah nicht anders aus als in den christlichen Häusern ringsum, aber er war für mich natürlich der schönste aller Christbäume, denn es war unserer.

Der Berliner jüdische Anwalt und Humorist Sammy Gronemann, der später in Tel Aviv lebte, erzählte einmal, daß ein kleines jüdisches Mädchen aus dem Fenster guckt, den Weihnachtsbaum in der Nachbarwohnung wahrnimmt und erstaunt ausruft:»Mutti, die Christen haben auch einen Weihnachtsbaum!«

Ferner wußte er zu berichten, daß sich ein jüdischer Junge zu Weihnachten einen Chanukkaleuchter wünschte, der dann auch bescheiden-sinnig unter dem Lichterbaum stand.

So schmerzlos synthetisch ging es bei uns nicht zu. Die Rebellion meiner Jugend setzte genau dort ein, wo sie für mich selbst am qualvollsten war. Oscar Wilde sagt in seiner »Ballade vom Zuchthaus zu Reading«:»Denn jeder tötet, was er liebt.«

Genau das mußte ich nun erfahren, mußte töten, was ich liebte, mußte es in mir abtöten. Der Weihnachtsbaum war nur ein Symbol, er leuchtete in der Nacht unserer Verwirrung, sein Licht war mild und schön, aber – für uns – ein Irrlicht.

Im Schimmer seiner Kerzen fühlten wir uns geborgen, meinten wir zugehörig zu sein, fraglos eingetan in unsere Umwelt. Noch ahnten wir nicht die tödliche Gefahr dieser Illusion, aber der junge Mensch, der ich damals war, nach Klarheit und Wahrheit suchend, fühlte den Widerspruch, die Unlogik, die Illusion, die mit diesem Baum und diesem Fest im jüdischen Hause verbunden waren.

Die Kunst des Schweigens habe ich nie gelernt. In der Jugend ist man wohl im allgemeinen noch weniger zum Schweigen geneigt. Schweigen, wenn man doch eigentlich widersprechen möchte, ist die Haltung der Resignation, die der Mensch erst durch eine unendliche Reihe von Enttäuschungen lernt. Resignation war sicher nicht mein Teil, Rebellion standen Jugend und Situation besser an.

In unverblümter und sicher nicht sehr liebevoller Weise formulierte ich meine Absage an die häusliche Feier:»Ich mache diesen Klimbim nicht mehr mit!«

Die Formulierung blieb mir im Gedächtnis haften, denn ich habe sie oft bereut. Der Ton macht die Musik – und dies war ein Mißton. Er kontrastierte in schriller Dissonanz zu den melodischen Liedern des Abends, den vertrauten Gesängen von der stillen und heiligen Nacht, vom immer grünenden Tannenbaum und von dem Ros, das aus einer Wurzel zart entsprungen ist, »von Jesse war die Art«. (Dieses Weihnachtslied verstand ich allerdings lange Zeit überhaupt nicht. Wie alle bayerischen Kinder dachte ich an ein entsprungenes Roß, den Jesse verwechselte ich natürlich mit Jesus, obwohl es sich um Jischai, den Vater Davids, handelt.)

Die Lieder waren schön, der Baum war noch schöner, die Geschenke prächtig. Und alles roch so gut nach Wachs und Lebkuchen, nach gebratenen Äpfeln und Marzipan. An den Spielen, die ich bekam, liebte ich am meisten die rot, gelb und blau glänzenden Schachteln, konnte mich nie entschließen, sie wegzuwerfen; eine Krankheit, an der ich bis heute leide. Und nun sollte all diese Herrlichkeit mit dem scheußlichen Wort »Klimbim« abgetan werden. Es schnitt mir, wie auch meiner lieben Mutter, durchs Herz, und es entflammte den Zorn meiner Schwester.

Bei Konflikten dieser Art ist das peinlichste, daß alle recht haben. Das sah ich damals nicht, aber das sehe ich heute, obwohl ich noch immer meine, daß ich objektiv recht hatte, während Mutter und Schwester mehr in einem subjektiven Recht verharrten: Sie blieben beim Altgewohnten.

Alfred Kerr, Berlins bekanntester Theaterkritiker der zwanziger Jahre, unterschied bei den Juden zwischen Assimilierten und Assimilanten. Wir waren bereits Assimilierte und die Weihnachtsfeier in unserem Hause wurde nicht etwa programmatisch eingeführt, um ein sichtbares Zeichen der Angleichung an die Umwelt zu setzen. Es war eine Selbstverständlichkeit, dieses Fest zu feiern.

Wir suchten auch zu Ostern buntgefärbte Eier im Garten und zu Nikolaus fehlten weder Nikolaus noch Knecht Ruprecht, um den kleinen Jungen zu erschrecken und zu beglücken.

Der Rhythmus des Jahres mit seinen roten Kalenderzahlen war auch der Rhythmus unseres Lebens.

Man fragte nicht danach, daß es sich hier eigentlich um das heilige Jahr der Kirche handelt. Der Mensch braucht Festzeiten und er will sie nicht allein begehen. Er will mit den Fröhlichen fröhlich sein und mit den Trauernden weinen. Es ist sehr schwer, anhand eines eigenen Kalenders einen anderen Lebensrhythmus einzuhalten als die gesamte Umwelt.

Zwei mir wohlbekannte Geistliche in Jerusalem, ein französischer Jesuit und ein holländisch-reformierter Pastor, unterhielten sich einmal über Weihnachten in Jerusalem. Der katholische Priester gestand offen, daß ihm dieser Tag in Jerusalem ausgesprochen unangenehm sei. Die Kirche feiert ein Hochfest und der Schauplatz des Heilsgeschehens befindet sich in Bethlehem, in nächster Nähe Jerusalems. Auf den Straßen gemahnt aber nichts an den Feiertag. Weihnachten ist im jüdischen Jerusalem ein Werktag. Der protestantische Pastor hingegen meinte, daß Weihnachten in Jerusalem für ihn lehrreich geworden sei. An diesem Tag habe er gelernt, wie schwer es sein müsse, ein Jude in der Diaspora zu sein. Innerlich und im Kreise der Familie begeht man einen Festtag, von dem die Umwelt keine Kenntnis nimmt.

Man darf sich nun nicht vorstellen, daß assimilierte Juden mit letzter Konsequenz entschlossen waren, nur im Lebensrhythmus der Umwelt mitzuschwingen. Man feierte auch die Hochfeste des jüdischen Jahres im Herbst, zwei Tage Neujahr und den Versöhnungstag. An diesen Tagen besuchte man auch die Synagoge, verstand nichts von den hebräischen Gebeten und langweilte sich daher. Etwas zynisch sprach man von Dreitagejuden, eine Erscheinung, die es auch auf christlicher Seite gibt, jene Dreitagechristen nämlich, die sich nur zu Weihnachten, Karfreitag und Ostern an ihr Christentum erinnern.

Mir genügte das Dreitagejudentum nicht mehr. Ich wollte dreihundertfünfundsechzig Tage im Jahr meines Judentums bewußt sein, an das die Umwelt uns schmerzhaft genug erinnert hatte.

Im Jahre 1923, als in München im Hitlerputsch gleichsam die Ouvertüre zum Trauerspiel des Dritten Reiches erklang, war ich zehn Jahre alt. Wie erlebte ich diesen 9. November? (Das Datum hat es ja in sich: fünfzehn Jahre später brannten die

Synagogen in Deutschland in derselben Nacht.) Diese bange Nacht ist mir ins Gedächtnis geschrieben. Es waren Schreck und Verwunderung gleichermaßen, die mich befielen. Das Unfaßbare trat ganz nahe an mich heran. Was ging in dieser Stadt vor sich, in der ich geboren war, in der meine Eltern und Großeltern lebten? Ein Teil unserer Mitbürger hatte sich aufgemacht – um uns zu erschlagen. Es war ganz unfaßbar. Die Juden in den Städten Polens und Rußlands kannten Pogrome und wußten, daß den Christen nie über den Weg zu trauen war. Jeden Moment konnten sie losschlagen. Die Feindschaft war irgendwie immer latent. Die Fremdheit war unüberbrückbar. Die Christen sprachen polnisch. Die Juden sprachen jiddisch, sie kleideten sich anders, trugen lange Bärte und Schläfenlocken. Sie lebten in ihrer Welt, nach ihrem eigenen Rhythmus des heiligen Jahres der Synagoge. Aber wir? Wir sprachen zu Hause und auf der Straße dasselbe bayerisch gefärbte Deutsch wie unsere Umwelt. Wir gingen in dieselbe Schule wie unsere christlichen Altersgenossen und spielten mit ihnen auf dem Hirschanger im Englischen Garten und turnten zusammen im Turnverein Jahn. Und nun plötzlich dieses Unheimliche, diese tödlich erhobene Faust, die uns als Fremde, als Feinde zerschmettern wollte? Als Feinde? Hatten unsere Väter und Brüder nicht an der Front als deutsche Soldaten gekämpft, waren wir nicht Patrioten und liebten unser Vaterland?

Unbegreiflich. Ich fragte, fragte und erhielt die Antwort, die keine ist und die man Kindern so gerne gab: »Das verstehst du noch nicht.« Aber ich habe es verstanden. Damals wurde ich als Jude wiedergeboren. Damals ging mir auf, daß es um unsere unerkannte Existenz als Juden ein Mysterium sein muß. Die Juden-Frage ging dem zehnjährigen Knaben damals in der Innen-Sicht auf und ließ auch den Mann bis heute nicht mehr los. Ich begann die Bibel zu lesen. Es war die gute alte Zunz-Bibel, die hundertjährige, dieses heute leider fast vergessene großartige Dokument der emanzipatorischen Wissenschaft des Judentums im 19. Jahrhundert. Ich las und erfuhr, was es um mich ist: »Euch allein habe ich erkannt von allen Geschlechtern der Erde, daß ich an euch heimsuche alle eure Sünden.« (Amos 3,2) Da stand es nun: Wir sind das mündigste der Völker. Uns wird nichts nachgelassen. Verantwortlicher als die jungen Völker, stehen wir vor dem Herrn der Geschichte. Er wählt sich je und je die Zuchtrute und nennt sogar einen Züchtiger Israels wie Nebukadnezar »Avdi«, mein Knecht. Aber wehe der Rute, die mehr sein will als Werkzeug in der Hand des Herrn. Die Hand, die uns züchtigt, zerbricht auch die übermütige Rute und wirft sie ins Feuer. »Das ist gewißlich wahr.«

Der Schatten Hitlers, der damals auf uns Münchner Juden gefallen war, ging noch einmal vorüber. Zehn Jahre Atempause – dann aber brach das Furchtbare über uns herein. Das Furchtbare, aber nicht mehr Unfaßbare. Wir waren gewarnt. Mühselig hatte ich mich zurückgetastet zu der ursprünglichen jüdischen Existenz: zu Herkunft und Zukunft, zu Tradition und Zion. Leider haben Ältere und Erfahrenere die Zeichen der Zeit weniger verstanden. Der junge Mensch sieht viel klarer. Er hat noch nichts Erworbenes aufzugeben. Er hat die Freiheit des Beginnens und ist Gott auch oft näher, »... denn wenn ihr nicht seid wie dieser Kinder eines, werdet ihr nicht in das Reich Gottes eingehen ...«.

Als Fünfzehnjähriger hat man vielleicht noch etwas von solcher Reich-Gottes-Unmittelbarkeit.

Das häßliche Wort vom »Klimbim« fand naturgemäß kein gutes Echo. Meine Mutter sagte: »Wenn du nicht mit uns feiern willst, hast du hier keinen Platz mehr.« Ich nahm es wörtlich, zog den Wintermantel an, setzte meine Schülermütze auf und – ging.

Jetzt stand ich auf der verschneiten Oettingenstraße mit dem Rücken zum Elternhaus. Die Straße war sehr still. Der Schnee dämpfte die Schritte. In der Weihnachtsnacht gab es hier kaum Verkehr. Ab und zu bimmelte eine Trambahn. Vom benachbarten Türmchen des Vinzentinums schlug es halb acht Uhr. Ich war ratlos und wußte nicht, wohin ich meine Schritte wenden sollte. Und doch war mir klar, daß es mit einem Spaziergang durch den verschneiten Englischen Garten nun nicht getan sei und daß ich die Konsequenzen aus meinen Erkenntnissen zu ziehen hätte, so schmerzhaft das auch war.

Ziellos wanderte ich durch die stille und heilige Nacht. Aus vielen Fenstern strahlten die Christbäume und gemahnten mich ständig an die warme Atmosphäre des Heimes, das ich nun verlassen hatte. Nicht leichtfertig, sondern aus einer tief empfundenen Notwendigkeit heraus.

Aber das änderte nichts an der Situation, die geradezu aussichtslos erschien. Ein fünfzehnjähriger Junge ohne Geld am Weihnachtsabend auf der Straße.

Ich war dem Weinen nahe, steigerte mich etwas pathetisch in die Rolle des wandernden Juden. Meine symbolische Existenz geriet aber sehr rasch in Widerspruch zu den Unbilden der Witterung.

Es begann zu schneien, ein eisiger Wind blies von der Isar her. Sollte ich etwa die Nacht im Freien zubringen, um als Märtyrer meiner Überzeugung zu erfrieren?

Plötzlich kam mir der Gedanke, eine streng orthodoxe jüdische Familie aufzusuchen, denn ich war sicher, dort Verständnis zu finden.

Meine Wahl fiel auf das Haus Rotter. Mit dem Sohn, der um zehn Jahre älter war, verband mich eine Freundschaft, die mehr einem Lehrer-Schülerverhältnis glich. Adolf Rotter, dessen Vater aus Ungarn gekommen war und als Kantor an der Synagoge »Ohel Jakob« gewirkt hatte (er lebte nicht mehr, und ich hatte ihn selbst nicht gekannt), verfügte über gediegene Kenntnisse des Judentums und gehörte zu den jüngeren Menschen, die mich in diese mir unbekannte Sphäre einführten.

Ich war nun grimmig entschlossen, den »Salto mortale in die Welt des ›Schulchan Aruch‹« zu wagen, wie es Franz Rosenzweig, der Mitarbeiter Martin Bubers bei der Verdeutschung der Schrift, einmal ausgedrückt hat.

Was ist der »Schulchan Aruch«? Der jüdische Gesetzeskodex

des Rabbi Joseph Karo, der im 16. Jahrhundert in dem galiläischen Bergstädtchen Safed die gesetzlichen Entscheidungen aus Bibel und Talmud zusammengestellt hat.

Diese Welt des »Schulchan Aruch«, fremdartig und mich doch wie eine Heimat dünkend, sollte sich mir nun im Hause Rotter erschließen.

Die Familie saß noch beim Abendbrot, als ich zu ungewöhnlicher Stunde klingelte. Hier in diesem Hause spürte man nichts von Weihnachten. An den Wänden des Wohnzimmers standen in alten Regalen die riesigen Folianten des Talmud, der für mich noch ein verschlossenes Buch mit sieben Siegeln war. (Sehr weit habe ich es als Schwimmer im Meer des Talmud übrigens nie gebracht.)

Die Familie bestand nur aus dem erwachsenen Sohn, seiner früh gealterten Mutter und ihrer Schwester, einer gutherzigen, aber einfältigen alten Jungfer.

Man kann sich das Erstaunen der braven Leute vorstellen, als ich ihnen mit dürren Worten darlegte, daß ich von zuhause geflohen sei, eigentlich hinausgeschmissen wurde.

Was nun? Unter dem Einfluß des Sohnes war die Mutter immerhin bereit, mich für eine Nacht zu beherbergen – daraus aber sollte dann ein ganzes Jahr werden.

Es gab in München damals zwar nur eine jüdische Gemeinde, aber innerhalb derselben eine liberale Majorität und eine orthodoxe Minorität. Diese mußte sich nun um den »Neubekehrten« kümmern, da es meine Mutter als keineswegs bemittelte Witwe zunächst (mit Recht) ablehnte, für den Unterhalt ihres Sohnes aufzukommen, wenn dieser dickköpfig mit allen Traditionen seines Elternhauses brach, um sich viel älteren Traditionen zuzuwenden.

Mit Hilfe einiger Mitglieder der orthodoxen Synagogengemeinde übersiedelte ich also zunächst in das Haus Rotter, schließlich stimmte meine Mutter dieser Regelung auch zu, so daß eine merkwürdige Zwischenlösung gefunden wurde.

Die Begegnung eines assimilierten jungen Juden mit der Welt des »Schulchan Aruch«, einer Welt aus Gesetz und Brauch, in

23

der in sechshundertdreizehn Geboten und Verboten jeder Schritt geregelt ist, mußte äußerst problematisch werden – und wurde es auch. Es war keine leichte Zeit, weder für mich noch für meine Wirtsleute. Ich war guten Willens, aber ich machte alles falsch. Für Menschen, die in einer bestimmten Tradition und Lebensform zuhause sind, ist der Verstoß gegen die Norm unfaßbar.

Das traditionelle Judentum regelt das Leben des Menschen buchstäblich vom Aufstehen bis zum Niederlegen. Es gibt nichts, was nicht vom Gesetz geregelt würde. Das kann sich der Christ kaum vorstellen, am wenigsten der evangelische, der seines Glaubens in der Freiheit lebt. Aber auch der praktizierende Katholik ist doch nur auf bestimmte Sakramente und religiöse Zeremonien festgelegt, während weite Gebiete des profanen Lebens außerhalb jeder kirchlichen Relevanz bleiben.

Auch der junge Jude, der aus den Bindungen seiner Tradition bereits gelöst war, konnte sich das Ausmaß solcher Einschnürung kaum vorstellen.

Es begann damit, daß man am Morgen keine drei Schritte gehen durfte, ohne die Fingerspitzen mit einem Segensspruch im Wasser zu netzen. Noch vor dem Frühstück mußte eine lange Morgenandacht verrichtet werden, wobei die symbolischen Gebetsriemen, Thephillin genannt, angelegt wurden, die im Neuen Testament als Phylakterien bezeichnet werden. Diese Riemen besitzen eine Kapsel für die Stirn zwischen den Augen, und eine am linken Arm über dem Herzen. Sie enthalten Sprüche aus dem 2. und 5. Buch Mose, wo das Gebot formuliert wird: »Darum soll es dir ein Zeichen sein an deiner Hand und wie ein Merkzeichen zwischen deinen Augen...« (2. Mose 13,9).

Der Beter hüllt sich in einen weißen Gebetsmantel mit schwarzen oder blauen Streifen, an dessen vier Ecken die Schaufäden angebracht sind, wiederum in wörtlicher Erfüllung eines Bibelwortes: »Machet euch Schaufäden an die Ecken eurer Kleider... und so oft ihr sie ansieht, sollt ihr euch an alle Gebote des Herrn erinnern« (4. Mose 15,37–41 u. 5. Mose 22,12).

Den Gebetsmantel, Tallith, trägt man nur während der Andacht, aber um das Gebot voll zu erfüllen, trägt man ein kleines Leibchen dieser Art unterm Hemd, um so den ganzen Tag über an die Gebote erinnert zu werden.

Ein widerliches Erlebnis ist hier zu verzeichnen. Beim Turnunterricht mußten wir uns in der Garderobe des Turnsaales umziehen, um die vorschriftsmäßige Sportkluft anzulegen. Ich streifte mein Hemd und dieses Skapulier, Arba-Kanphoth genannt, ganz unauffällig ab, aber ein jüdischer Mitschüler, dessen Name ich auch nach einem halben Jahrhundert nicht nennen möchte, holte dieses rituelle Kleidungsstück vom Wandhaken und zeigte es höhnisch lachend den verblüfften christlichen Kameraden, die es für ein verspätetes Sapperlätzchen halten mußten. Ein geradezu heiliger Zorn ergriff mich, so daß ich mich auf den »Verräter« warf und ihn mit Fäusten bearbeitete.

Übrigens machten meine christlichen Mitschüler auch einmal Bekanntschaft mit meinen Gebetsriemen, da ich in meiner Zerstreutheit, schon etwas knapp vor Schulbeginn, vergessen hatte, diesen biblischen Schmuck abzulegen. Als ich damit in die Klasse stürmte, löste das ein entsprechendes Hallo aus.

Mindestens zweimal in der Woche, am Montag und Donnerstag, ging man vor Tau und Tag zum Morgengottesdienst in die Synagoge, denn an diesen Wochentagen wird aus der Heiligen Schrift in Form der Thorarolle gelesen. Das kann nur im Gemeindegottesdienst, nicht aber bei der Privatandacht stattfinden.

Der Hauptgottesdienst am Sabbatvormittag war für die Schüler praktisch unzugänglich, da wir nicht einen Tag in der Woche fehlen konnten. Orthodoxe jüdische Schüler waren aber vom Schreiben am Sabbat dispensiert. Das machte in meinem Fall große Schwierigkeiten, da meine religiöse Wandlung plötzlich eingetreten war und meine Mutter natürlich keinen Dispensantrag stellen wollte.

Nicht einmal die Schultasche durfte man am Sabbat in die Schule bringen. Dies geschah schon am Freitagnachmittag, ehe man zum Abendgottesdienst in die Synagoge ging. Am Samstagabend aber, wenn drei Sterne am Himmel standen, schloß uns der Pedell eine Magazinkammer auf und wir (drei observante jüdische Schüler in einer Klasse von insgesamt dreißig Jungens) konnten wieder getrost nach Hause tragen, was wir schwarz auf weiß besaßen. Die fehlenden Lektionen mußten wir dann von christlichen Mitschülern abschreiben. Diesen kameradschaftlichen Dienst verweigerte uns niemand. Es gab überhaupt seltsame Formen der deutsch-jüdischen Symbiose auf kindlichem Niveau. Einer meiner orthodox-jüdischen Mitschüler hatte einen außergewöhnlichen Appetit und konnte es nicht unterlassen, von Zeit zu Zeit heimlich ein Butterbrot zu verdrücken. Der fromme Jude ißt aber nicht unbedeckten Hauptes. Der christliche Hintermann des frommen Essers mußte ihm daher ein Blatt Papier über den Kopf halten, bis die Stulle verspeist war.

Als aber der bayerische »Schirmherr«, Sohn eines Gastwirtes, einmal diesen Liebesdienst heimtückisch unterbrach, führte das in der anschließenden Pause auf dem Schulhof zu einer wilden Balgerei.

Man kann nicht sagen, daß das gegenseitige Verständnis durch Erlebnisse dieser Art vertieft oder gefördert wurde, aber man hatte sich doch an eine vorgegebene Koexistenz gewöhnt. In meiner neuen Umgebung bedrückte mich das oft seelenlose Zeremoniell, das ich nur schwer durchzustehen vermochte, aber andererseits erlebte ich mit offenen Sinnen die Schönheiten des jüdischen Jahres.

Der Beginn des Sabbats, der Freitagabend, blieb, so geschult, für mich die Zäsur der Woche.

Der Tisch war festlich gedeckt, die Sabbatlichter strahlten in silbernen Leuchtern, der silberne Kelch mit dem Segenswein stand neben den duftenden Sabbatbroten, die von einer Samtdecke verhüllt waren.

All das hatte ich in meinem Elternhause nicht gesehen, wohl

aber einmal, ganz flüchtig, als sechsjähriger Knabe. Das war so gekommen: Als ich an der Hand meiner Mutter durch den Hofgarten ging, sprach uns eine Medizinstudentin an – etwas verlegen, aber doch entschlossen, ihre Bitte vorzubringen. Eine seltsame Bitte. Die junge Dame war die Tochter eines jüdischen Religionslehrers, dessen einziger Sohn im Kriege gefallen war. Die Mutter kam über diesen Verlust nicht hinweg und sinnierte Tag und Nacht über das ihr unfaßbare Schicksal. Und nun war ich, ein Spiel des Zufalls, ein völliges Ebenbild des toten Bruders in seinen Kinderjahren.

Das junge Mädchen versprach sich von meinem Besuch bei der Mutter eine Linderung ihres Schmerzes. Es mußte der Mutter scheinen, als ob ihr Kind wiedergekommen sei. Ob dies den Schmerz wirklich zu lindern vermochte, oder sogar vertiefte, entzieht sich freilich meiner Kenntnis.

An einem Freitagnachmittag machte ich mit meiner Mutter den Besuch im Haus des Lehrers. Ich war selbst betroffen von einem Bilde, das mich von der Wand grüßte: es war mein Ebenbild.

Die Mutter brach in Tränen aus, als sie meiner ansichtig wurde. Ich war verlegen und brachte kaum ein Wort heraus, aber bald war meine kindliche Neugierde gefesselt von dem ungewohnten Anblick des Sabbattisches, der schon in der Dämmerung des Freitagnachmittags gedeckt war. Die Lichter brannten, das Sabbatbrot war mit einer tiefblauen Decke mit silbernen Fransen verhüllt. Das alles wirkte geheimnisvoll, zauberhaft auf mich. War ich in eine andere Existenz, in ein früheres Erdenleben zurückgekehrt?

Sicher dachte der Sechsjährige nicht in diesen Kategorien, aber das Mysterium der Wiedergeburt weht die kindliche Seele an, ehe sich der kritische Verstand damit auseinandersetzen kann.

Nach einer knappen Stunde kam auch der Vater, eine ehrwürdige Patriarchengestalt, aus der Synagoge zurück. Er sah mich lange schweigend an und legte mir dann segnend die Hände auf den Kopf. Ich konnte alles nicht voll erfassen, aber es war für mich die erste Begegnung mit der Prinzessin Sabbat.

Die Tochter des Hauses, die den Besuch vermittelt hatte, schenkte mir dann das erste jüdische Buch meines Lebens. Es hieß »Das verschlossene Buch« und war eine Legendensammlung von Irma Singer, die mir viel später in Israel, wenn auch nur per Korrespondenz, begegnen sollte.

Aus diesem Buch, dem verschlossenen, das mir eine verschlossene Welt öffnete, erfuhr ich vom Freiheitskämpfer Bar-Kochba, der im Streit gegen die Römer verblutete, und vom Märtyrer Rabbi Akiba, der den Freiheitskämpfer für den Messias gehalten hatte... meine liebe Mutter las mir im herbstlichen Herzogpark diese Geschichten vor und ahnte nicht, daß sie damit einen Keim in mein Herz senkte, der später zu einem Spaltpilz in unserer Familie werden sollte.

So schön der Freitagabend mit seinen Gebeten und Gesängen in meiner neuen Familie auch war, so wurde der Sabbat selbst doch oft zu einer Art Zwangsneurose. Nicht einmal einen Schlüssel durfte man bei sich tragen, ohne ihn mit einem Gürtel zu verknüpfen, einem sogenannten Sabbatgürtel, so daß der Schlüssel Bestandteil des Gürtels war. Nur ein Mensch, der technisch geschickter war als ich, konnte mit diesem Schlüssel aufschließen, ohne den Gürtel zu lösen.

Erst viel später las ich dann im Neuen Testament den Satz: »Der Sabbat ist dem Menschen gegeben, nicht der Mensch dem Sabbat« (Markus 2,27).

Erst viel später wurde mir klar, daß der Talmud dieselbe Ansicht im Namen des Rabbi Jonathan, eines Zeitgenossen Jesu, überliefert: »Der Sabbat ist in euren Händen, denn es heißt: der Sabbat ist für euch.« Dieser Spruch wird im Traktat Joma 85 b überliefert und bezieht sich wiederum auf die Bibelstellen 2. Mose 16,29 und Hesekiel 20,12.

Später, sehr viel später erst, wurde mir klar, daß die Orthodoxie, oder besser gesagt, das gesetzestreue Judentum in der richtigen Erkenntnis, das ganze Leben zu heiligen und unter Gottes Wort zu stellen, zu weit geht und so das an sich Richtige bis ins Absurde vortreibt.

Aber ist nicht wiederum das Absurde Kennzeichen des Glaubens? Credo quia absurdum est, wie ein dem Tertullian zugeschriebenes Wort lauten soll. Und war nicht der tiefste religiöse Denker des 19. Jahrhunderts, Sören Kierkegaard, den mein unvergeßlicher Freund, der Dichter Max Brod, den »Matador des Paradoxen« nannte, der Philosoph des Absurden? Aber es gibt Stufen des Absurden. Das Absurde in der Theologie hat mich eingehend beschäftigt. In meinem erstmals 1937 erschienenen Versuch über die jüdische Glaubenslage der Gegenwart »Jenseits von Orthodoxie und Liberalismus« lautet der Titel des vierten Kapitels: »Religion und Ethik – das Absurde«.

Hier aber in der buchstäblichen und oft noch verschärften Erfüllung des Gesetzes, ging es nicht um das Pathos des Absurden, sondern um seine Trivialität.

Besonders deutlich zeigte sich dies beim Passah-Fest. Alles Gesäuerte muß aus dem jüdischen Hause weggeräumt werden. Handelte es sich nicht um eine heilige Pflicht, so würde ich sagen: der Putzteufel ergreift die traditionellen jüdischen Hausfrauen und läßt sie das Oberste zu unterst kehren. Geschirr und Töpfe, Bestecke und Tischwäsche werden gewechselt. Es gibt kein sicheres Plätzchen mehr im Hause.

Ein Mißgeschick wollte es, daß ich vor meinem ersten Passah-Fest in der orthodoxen Familie erkrankte. Ein Patient in diesem heiligen Wirrwarr ist nicht eingeplant, und so mußten hier das Gesetz und die Liebe in peinliche Kollision geraten.

Wenn aber die Vorbereitungen beendet und das Haus gleichsam tabuisiert ist, erfolgt die Entschädigung für alle Leiden und Unbilden. Die unvergleichliche Weihe der heiligen Nacht, Seder genannt, erfüllt das Haus und jeden Gast an der Tafel. Ein kompliziertes Ritual, dessen Ursprünge in prähistorische Zeiten zurückreichen, die in der Erinnerung an den Exodus aus Ägypten kulminieren und die Formen eines hellenistischen Symposions abgewandelt bewahren, wird eingehalten und schlägt die Brücke zwischen den Generationen. »In jedem Geschlecht betrachte sich der Mensch, als ob er selbst aus

Ägypten ausgezogen wäre« – dies ist das Leitmotiv der Vigilie, die vom erhabenen Pathos des biblischen Berichtes bis zu den munteren Tischliedern am Ende der Feier führt.

Das letzte dieser Lieder »Chad Gadja« handelt von dem Lämmlein (Symbol für Israel), das sich der Abba, der Vater (gemeint ist wohl der himmlische Vater), gekauft hat. Es ist Verfolgungen ausgesetzt, aber jeder Verfolger findet wieder seinen Verfolger. Das aramäische Liedchen hat unverkennbare Ähnlichkeit mit dem deutschen Kinderlied: »Da schickt der Herr den Jockel aus«, das freilich die symbolische Tiefe von »Chad Gadja« nicht erreicht.

Dieses Lied haben übrigens Achim von Arnim und Clemens Brentano unter der Überschrift »Für die Jüngelcher von unsern Leut« in »Des Knaben Wunderhorn« aufgenommen. Dabei versahen sie es mit der Fußnote: »Das folgende Gedicht entstammt der hebräischen Litanei, die am Vorabend des jüdischen Osterfestes (Pesach) gesungen wird. Es soll wohl die Vergeltungstheorie, die den Grundzug der jüdischen Religion bildet, in Form einer Parabel illustrieren. Die Überschrift stammt natürlich von den Herausgebern.«

Von wem die sehr hübsche Nachdichtung stammt, die auch jüdisch-deutsche Ausdrücke gebraucht, wie »Màlach hammòves« für den Todesengel, ist mir nicht bekannt.

Soweit ich weiß, wurde die deutsche Version aus »Des Knaben Wunderhorn« im Rahmen der Sederfeiern nie gesungen, hingegen pflegte man ein anderes Lied in der jüdisch-deutschen Mundart zu bewahren: »Bau dein Tempel schiere«.

Auch Shakespeare muß eine Ahnung vom Ritual der Sedernacht gehabt haben, denn das Duett zwischen Lorenzo und Jessica, der Tochter des Juden Shylock, zu Beginn des fünften Aktes der Komödie »Der Kaufmann von Venedig«, die eigentlich ja ein jüdisches Trauerspiel ist, greift ein Motiv der häuslichen Passah-Liturgie auf: »Wajehi bachazi Halajla«. Wörtlich übersetzt würde dies lauten: »Es war um Mitternacht«, was Shakespeare verkürzte zu: »In such a night«, »In solcher Nacht«.

Während das hebräische Original die Rettertaten und Gna-
denerweise Gottes vom Auszug aus Ägypten bis zur messianischen Endzeit – zur Mitternacht – besingt, trällert Jessica in
der Persiflage:

In solcher Nacht
Stahl Jessica sich von dem reichen Juden
Und lief mit einem ausgelass'nen Liebsten
Bis Belmont von Venedig.

Das ist ein psychologisches Meisterstück des Dramatikers. Er
läßt das entlaufene Judenmädchen das häusliche Passahlied
mit situationsgemäß verstellten Versen singen.

Ich kann nicht so weit gehen, wie der bayerische Literarhistoriker Josef Hofmiller, der um 1930 behauptete,»Shakespeare
muß, als er den ›Kaufmann‹ schrieb, die Haggada kennen
gelernt haben; die Ähnlichkeit ist zu auffällig«.

Wahrscheinlich hat Shakespeare aber weder die Haggada
noch einen Juden gekannt, sondern von dem hebräisch-aramäischen Liedgut auf Umwegen und durch Verfremdungen
erfahren.

Auch jüdische Dichter und Schriftsteller (von Heinrich Heine
über Joseph Roth bis Vicki Baum) haben die Sederfeier in
Novellen und Romanen dargestellt – und immer mit Fehlern.
Das Ritual ist so kompliziert, daß man es kaum fehlerfrei
beschreiben kann.

Mir selbst sind, im Anfang meiner jüdischen Karriere, die
peinlichsten Fehler unterlaufen. Als ich einmal bei einer streng
orthodoxen jüdischen Familie zu einer solchen Feier eingeladen wurde, brachte ich der Dame des Hauses eine Flasche Eau
de Cologne mit, was bares Entsetzen auslöste. Das erfri-
schende Kölnisch Wasser enthält nämlich die streng verbotenen Stoffe des Gesäuerten, Chamez genannt, die während der
Osterwoche im Hause nicht geduldet werden dürfen.

Ich mußte also mein Präsent mit spitzen Fingern im Treppen-
flur abstellen, um es dann beschämt wieder mit nach Hause zu
nehmen.

Meinen ersten Seder-Abend aber erlebte ich als Schüler der zweiten Volksschulklasse im Hause meines Klassenkameraden Hans Lamm, dem späteren Präsidenten der Jüdischen Gemeinde in München. Begeistert erzählte er mir, daß man an diesem Abend den Vater alles fragen dürfe. Er spielte damit auf die mir noch unbekannten klassischen Vier Fragen an, mit denen der Jüngste in der Tafelrunde die Feier eröffnet: »Was unterscheidet diese Nacht von allen anderen Nächten...« Hans Lamm erweiterte den Ritus aber in Fragen ganz anderer Art, die Vater Ignaz auf eine harte Geduldsprobe stellten.

Dieser selbst verfügte auch über eine Art Ritualhumor und forderte die alte Haushälterin Babett auf, ihm eine Maß Bier zu holen.

Die streng katholische Haushälterin mußte dann entsetzt abwehren, denn der edle Gerstensaft ist natürlich der Inbegriff des Gesäuerten und darf daher am Passah nicht ins jüdische Haus.

Am Ausgang der Festwoche aber, während die Hausfrauen in der sogenannten Rumpelnacht das österliche Sondergeschirr wieder verpackten, zogen wir Männer gern ins nächste Wirtshaus, um das lang entbehrte Bier wieder zu trinken. Für den Münchner, auch den frömmsten Juden, war eine bierlose Woche fast eine Kasteiung.

Andere Länder, andere Sitten, die doch untereinander wieder verwandt sind. In Jerusalemer Jahren, als meine Nachbarn die Fellachen von Lifta waren, brachten Araberinnen zum Ende des Passah-Festes in ihren buntgestickten knöchellangen Kleidern frisch gebackenes Pitta-Brot und erhielten dafür von uns die ungesäuerten Mazzen.

Wie seltsam verschlingt sich der Rhythmus des jüdischen Jahres und der Münchener Festzeiten in meiner Erinnerung. Am Ausgang des tiefernsten Versöhnungstages, dem Bußtag im Herbst, an dem man von Abend zu Abend gefastet hatte, ging ich oft noch auf die Theresienwiese, wo im Schatten der Bavaria der Zaubergarten irdischer Vergnügungen, das Oktoberfest, den eben geläuterten Büßer aufnahm.

Die Herbstfeste, die zum jüdischen Neujahr so ernst mit dem urzeitlichen Ton des Widderhorns beginnen und ihren Höhepunkt an jenem Versöhnungstag finden, an dem die Gemeinde in Sterbekleidern vor Gott steht, enden mit der fröhlichen Woche der Laubhütten.

Ein Winzerfest des alten Kanaan, zugleich aber auch ein Fest zur Erinnerung an die Wüstenwanderung Israels, nahm sich im bayerischen Herbstklima recht deplaciert aus.

Als in der Synagoge der Vorbeter feierlich, in getragener Weise das Regengebet anstimmte (überall in der Welt betet der Jude ja um den Regen im Lande Israel), ging ein prasselnder Platzregen nieder. Ein nachdenklicher Beter in den hinteren Reihen murmelte weithin hörbar: »So wörtlich war es nicht gemeint.«

Nie habe ich es so stark empfunden, daß der Jude, außerhalb des Landes Israel, in der Verbannung lebt, als am ersten Abend eines Laubhüttenfestes, als es uns ein richtiger Münchener Schnürlregen unmöglich machte, die erste Festmahlzeit in der Laubhütte einzunehmen.

Nach strenger Vorschrift muß man am ersten Abend bis nach Mitternacht warten. Hat sich dann der Himmel aber noch immer nicht aufgeklärt, so darf die Mahlzeit auch außerhalb der Festhütte eingenommen werden.

Die Familie Rotter und ich warteten also auf das Ende des Regens. Immer wieder steckte man die Nase heraus und endlich, gegen zehn Uhr abends, konnten wir die feuchte und duftende, mit Tannenreisern bedeckte Laubhütte auf dem Balkon aufsuchen. Kaum stand aber die Festsuppe auf dem Tisch, da ergoß sich von oben... nicht der Regen, sondern ein Mülleimer, den liebe Nachbarn uns zudachten.

Das war nicht gar so überraschend, denn unmittelbar gegenüber der Wohnung meiner frommen Wirtsleute befand sich die Redaktion des »Völkischen Beobachters«. Die Schaufenster boten antisemitisches Hetzmaterial, von den »Protokollen der Weisen von Zion« bis zum »Buch Isidor«, den Verleumdungen von Goebbels gegen den Berliner Polizeipräsidenten Weiß.

Oft sah ich vor dem Verlagshaus des »Völkischen Beobachters« den Mann, dessen Name zum Fluch werden sollte: Adolf Hitler. Er ging fast immer ohne Hut, meist in einem Trenchcoat und begleitet von einem großen Schäferhund.

Natürlich wußten wir genau, wie sehr uns dieser Mann haßte, und doch war das dämonische seiner Erscheinung noch nicht in die Tiefen unseres Bewußtseins gelangt. Man kann es sich heute kaum vorstellen, daß ein jüdischer Junge diesen Hitler wie eine Art Lokalberühmtheit zur Kenntnis nahm.

Auch Julius Streicher, dem Frankenführer, der in seinem »Stürmer« die gemeinste antisemitische Hetze mit Pornographie verband, bin ich hier begegnet und vor einer Parfümerie dann noch einmal in der Perusastraße, wo er das Schaufenster betrachtete, eine Hundepeitsche mit sich führend (ohne Hund).

Damals durchzuckte mich allerdings der Gedanke: wenn ich jetzt einen Revolver hätte...

Doch zurück zum Laubhüttenfest. Während wir im Hause Rotter die Festhütte nur auf dem Balkon aufschlagen konnten (ähnlich hielt ich es übrigens später in Jerusalem), hatte der Rabbiner der orthodoxen »Ohel Jakob«-Gemeinde, Dr. Ernst Ehrentreu, die Hütte im Hofe seiner Wohnung aufgestellt.

Ein bayerischer Landstreicher, der sozusagen zu den Dauerkunden des mildtätigen Rabbiners gehörte, klingelte einmal während der Woche der Laubhütten an der Wohnung Ehrentreus, die natürlich nicht geöffnet wurde. Bei einem Rundgang durch den Hof entdeckte er seinen Wohltäter in der kleinen Holzhütte: »So ein anständiger Mensch, der Herr Doktor«, jammerte er in seiner Erbitterung, »und jetzt hat man ihn aus seiner Wohnung herausgeschmissen...«

Der liberale Kollege des Dr. Ehrentreu war der eigentliche Gemeinderabbiner Dr. Leo Bärwald, der an der großen Synagoge an der Herzog-Max-Straße amtierte, die gegenüber dem »Künstlerhaus« lag, einem der Stammlokale Hitlers.

Diese besonders schöne und würdige Synagoge im neuromanischen Stil wurde 1887 errichtet und auf Führerbefehl 1937, noch bevor in der Kristallnacht des Novembers 1938 fast alle Synagogen in Deutschland in Flammen aufgingen, der Spitzhacke übergeben. Schon zehn Jahre früher, im April 1927, war das Gotteshaus durch Hakenkreuze geschändet worden. Rabbiner Dr. Bärwald mußte bereits um 1923 seine Bekanntschaft mit Hitlers Schergen machen.

Nicht erkennend, mit welcher Art von Gegner man es hier zu tun hatte, war der Rabbiner in einer der ersten Versammlungen der NSDAP erschienen, um die Diskussion mit Hitler aufzunehmen. Natürlich wurde Dr. Bärwald aus dem »Bürgerbräukeller« verjagt. Während der Tage des Hitler-Putschs holten ihn SA-Leute aus seiner Wohnung, fuhren ihn vor die Stadt auf freies Feld, banden ihn an einen Baum und bedrohten ihn mit Erschießung.

Damals wagte man den Mord aber doch noch nicht. Es blieb bei der grausigen Komödie und dem Betroffenen verblieb davon ein nervöser Schock, der sich durch ein Zwinkern des rechten Augenlids bemerkbar machte.

Mich verbinden Erinnerungen mit den beiden Synagogen Münchens. In der liberalen, mit ihrer besonders schönen Orgel, wurde ich an einem Sabbat-Vormittag, Ende Juli 1926, eingesegnet. Man nennt diese Feier der Konfirmation »Bar Mizwa«, das heißt »Sohn der Pflicht«. Der dreizehnjährige jüdische Knabe wird religiös mündig und damit ein vollwertiges Mitglied der Gemeinde Israels.

Es war dies eine traurige Feier für mich. Gemeinsam mit anderen Knaben meines Jahrgangs hatte ich den Konfirmandenunterricht absolviert und wurde nun mit einem Altersgenossen zur Vorlesung aus der Thora aufgerufen. Während er aber mit einer ausgedehnten Familie erschienen war, hatte ich keine große Begleitung. Mutter und Schwester saßen auf der

Empore der Frauengalerie. Mein Vater aber war schon seit mehr als zwei Jahren tot, so daß mich nur ein weitläufiger Verwandter an diesem Ehrentag begleitete. Er stand in der Betbank neben mir, kannte sich auch ein wenig im Gebetbuch aus, aber nach meinem Aufruf zur Thora und der Einsegnung durch den Rabbiner meinte der liebe Verwandte, daß er nun in sein Antiquitätengeschäft zurückkehren müsse – und ließ mich allein. Die Verlassenheit bedrückte mich und in dieser Stunde spürte ich am stärksten, was es heißt, ohne Vater aufzuwachsen. Ich nahm mein Gebetbuch, das ich soeben aus der Hand des Rabbiners empfangen hatte, und schlich mich leise aus der Synagoge.

Ich ging durch die werktäglichen Straßen der Stadt nach Hause und seltsame Gedanken durchzogen das unreife Gemüt. Ich hatte irgend etwas Außerordentliches erwartet, einen Feuerschein über der Heiligen Lade, das Feuer von Sinai. Nichts dergleichen hatte sich gezeigt, alles war programmgemäß verlaufen, aber in meinem Herzen war eine tiefe Leere.

Zuhause erwarteten mich schon die Meinen, etwas verstört über meinen vorzeitigen Abzug. Sie hatten mich gesucht wie die Eltern Jesu den Zwölfjährigen. Der hatte sich im Tempel versteckt – ich aber war aus dem Tempel geflohen.

Auch die Verwandten stellten sich nun mit Geschenken ein, die typisch waren für die Geisteshaltung der assimilierten Juden jener Zeit. Von Eichendorff über Gottfried Keller bis Theodor Storm erhielt ich die Werke deutscher Klassiker und Romantiker. Judaica blieb äußerst rar.

Ich kann nicht sagen, daß meine religiöse Erweckung, meine Suche nach jüdischer Identität, wie man das heute so gern nennt, unmittelbar auf die Konfirmation gefolgt sei. Es dauerte noch etwa zwei Jahre bis es zu diesem Durchbruch kam, der die kindliche Liebe auf eine so schmerzliche, unmäßige Belastungsprobe stellte.

Eines kurzen Zwischenspiels muß hier noch gedacht werden. Als meine Mutter der Hinwendung zur Tradition nicht mehr folgen konnte (ich verlangte einen rituellen Haushalt und die Einhaltung der Sabbatvorschriften), wurde beschlossen, mich auf die Präparandie des jüdischen Lehrerseminars in Höchberg bei Würzburg zu entsenden. Es war dies ein verfehlter Versuch, denn die muffige Atmosphäre dieser Lehranstalt war mir – und nicht nur mir – unerträglich.

Man wurde dort in eine eiserne Zucht genommen, in der sich jüdische Gesetzlichkeit und bayerischer Kasernenhofton höchst unerfreulich ergänzten. Die Veräußerlichung des Glaubens triumphierte.

Neben den jüdischen gab es auch christliche Lehrer, zum Beispiel für den Unterricht in Fremdsprachen. Wurde es den Schülern zu langweilig, so erklärten sie, daß sie jetzt eine Andacht abhalten müßten, bedeckten fromm das Haupt und improvisierten ein Vespergebet, wobei sie rasch noch die Vokabeln lernten, die sie für den Unterricht hätten präparieren sollen.

Wir waren in einem elenden Quartier nahe dem Bockshaus der Gemeinde untergebracht. Der infernalische Gestank der Ziegenböcke verfolgte mich noch jahrelang.

Die Örtlichkeit befand sich außerhalb des Wohnquartiers auf dem Hofe, was uns natürlich zu unpraktisch war, so daß sich die Zimmergenossen nächtlich ungeniert am offenen Fenster erleichterten. Das führte zu einem peinlichen Zwischenfall: Als der Direktor in der Abendkühle seinen Spaziergang unter unserem Fenster absolvierte, ergoß sich auf ihn der Strahl eines meiner Mitschüler, der den Unfall zu spät bemerkte und ihm nicht mehr zu steuern vermochte.

Der Übeltäter wurde also in das Rektoratszimmer zitiert und scharf verwarnt. Er hatte aber die Stirn, sein unsittliches Betragen rituell zu entkräften, indem er sagte: »Wenn der Herr Direktor nicht ohne Hut gegangen wäre, was für einen frommen Juden verboten ist, wäre ihm nicht passiert, was nun geschehen ist.«

Diese Antwort hatte allerdings die Relegierung des Schülers zur Folge. Dieser beendete damit seine Lehramtskarriere und versteigerte, zum Gaudium der Klasse, vor Abgang von der Anstalt seine Gebetsriemen und seinen Gebetsmantel, für die er keine Verwendung mehr hatte.

Er ist trotzdem unterdessen, nach langen Irrfahrten durch die Welt, als Universitätsprofessor ein respektabler Mann geworden.

Ich selbst wartete meine Relegierung gar nicht erst ab, packte mein Köfferchen und begab mich zu Fuß auf den Würzburger Bahnhof, um die Rückreise anzutreten. Dort erwartete mich bereits einer der Lehrer, um mir ins Gewissen zu reden.

Statt einer Antwort kaufte ich mir ein Paar Würstchen und verspeiste sie vor den entsetzten Blicken des Pädagogen. Die Würstchen waren natürlich alles andere als koscher, denn sie stammten vom verpönten Borstentier, vom Schwein. Es war das einzige Mal in meinem Leben, daß ich Würstchen sozusagen demonstrativ aß, denn ich wollte auf diese Weise bekunden, daß ich mit dieser orthodoxen Zwangserziehungsanstalt nichts mehr gemeinsam hatte.

Ich bereute diese unreife Brüskierung meiner Lehrer zwar sehr bald, aber ich konnte meine Absage damals nicht anders zeigen.

Die Wege des suchenden Menschen verlaufen nicht gradlinig.

Das Erhabene und das Lächerliche liegen nah beieinander und immer wieder gilt, was Conrad Ferdinand Meyer über seine Dichtung »Huttens letzte Tage« setzte:

Ich bin kein ausgeklügelt Buch,
Ich bin ein Mensch mit seinem Widerspruch.

Wenn Goethe in seiner »Iphigenie auf Tauris« die Heldin im
Monolog des Auftaktes sprechen läßt:

Und an dem Ufer steh' ich lange Tage,
Das Land der Griechen mit der Seele suchend;
Und gegen meine Seufzer bringt die Welle
Nur dumpfe Töne brausend mir herüber.

so bezog ich das abgewandelt auch auf mich.

Es war nicht das Land der Griechen, sondern das Land der
Juden, das Hebräerland, wie es später die Dichterin Else
Lasker-Schüler nannte, das ich mit der Seele suchte. Und es
waren die Wellen der Isar, die gegen meine Seufzer nur mit
dumpfen Tönen brausend antworteten.

Das hört sich sehr pathetisch an und entspricht doch ganz
genau der Situation, denn in den Isaranlagen gegenüber dem
Friedensengel, wo im Schatten einer Christophorus-Statue ein
Wasserfall rauschte, las ich in tiefer Erregung Theodor Herzls
Programmschrift vom Jahre 1896: »Der Judenstaat«.

Es ist inzwischen in der Welt bekannt geworden, daß der
einsame Traum, den ein Wiener Journalist in seinem Pariser
Hotelzimmer träumte, Weltgeschichte machte: Auf die Broschüre von 1896 folgte der Erste Zionistenkongreß 1897 und,
genau fünfzig Jahre später (wie Herzl es prophezeit hat), im
Beschluß zur Teilung Palästinas, die völkerrechtliche Proklamation des Judenstaates durch die Vereinten Nationen.

Der Erste Zionistenkongreß fand in Basel statt. Dabei wurde
das Basler Programm verkündet: »Der Zionismus erstrebt die

Schaffung einer öffentlich-rechtlich gesicherten Heimstätte für das jüdische Volk in Palästina.«

Eigentlich sollte das Basler Programm ein Münchner Programm werden, denn Theodor Herzl hatte zunächst die Residenzstadt an der Isar, die um die Jahrhundertwende den Künsten und Wissenschaften offen war, zum Tagungsort bestimmt.

Da aber ergriff die Häupter der Jüdischen Gemeinde in München – an ihrer Spitze den Gemeinderabbiner Cosmann Werner, der von 1895 bis 1918 die Kanzel an der Hauptsynagoge innehatte – ein heiliger Schreck.

Ein Zionistenkongreß in München, das mußte bei den deutschen Patrioten und bayerischen Königstreuen Ärger geben. Die jüdische Gemeinde fürchtete, in ihrer Vaterlandsliebe unglaubwürdig zu werden, wenn in der Landeshauptstadt des Königreichs Bayern die Schaffung eines Judenstaates in Palästina proklamiert würde.

Professor Cosmann Werner wandte sich umgehend an den Vorstand des »Allgemeinen Deutschen Rabbinerverbandes«, der in einer Resolution dem Zionismus die jüdische Legitimation absprach. Herzl nannte die Verfasser dieses Dokuments »Protestrabbiner«.

Das war alles Geschichte, in der Generation meiner Eltern und Großeltern angesiedelt. Inzwischen hatte sich der Zionismus, auch wenn München nie mehr Stadt eines Zionistenkongresses wurde, dennoch Einlaß in die jüdische Gemeinde verschafft, und zwar auf dem Umwege über die ostjüdische Kolonie, die eigentlich erst nach dem Ersten Weltkriege, nach Revolution und Räterepublik, in sehr bescheidenen Ausmaßen entstand.

Die bodenständigen Juden, die aus Dörfern und Marktflecken Bayerns mehr und mehr in die großen Städte und vor allem in die Hauptstadt strömten, hielten sich dem Zionismus fern. Eine Erscheinung wie Justizrat Eli Straus, der in späteren Jahren an der Spitze der Gemeinde den Zionismus repräsentierte und ein echter Vertreter des süddeutschen Judentums war, blieb eine Ausnahme.

Theodor Herzl hatte in seiner Rede auf dem Zweiten Kongreß 1898 proklamiert:»Wir sind sozusagen nach Hause gegangen. Der Zionismus ist die Heimkehr zum Judentum noch vor der Rückkehr ins Judenland.« Ohne diese Maxime zu kennen, folgte ich genau ihrer Spur.

Ich begann mit der Rückkehr ins Judentum durch den beschriebenen »Salto mortale in die Welt des ›Schulchan Aruch‹«.

Es blieb mir aber unverständlich, daß die Juden, die sich streng an die alte Tradition des Glaubens hielten und täglich dreimal um die Rückkehr nach Zion beteten, nicht das geringste unternahmen, um diese Rückkehr auch zu bewerkstelligen.«

Franz Rosenzweig spricht in der Einleitung zum dritten Teil seines Hauptwerkes »Der Stern der Erlösung«: ›Über die Möglichkeit das Reich zu erbeten‹.

Mir schien diese Möglichkeit immer nur dann gegeben, wenn sie durch die Tat des Menschen ergänzt wird.

Gebet allein verkümmert zum Monolog, wenn es nicht gar (was nur leider allzu oft der Fall ist) zur mechanischen Routine degeneriert. Tat allein trägt den Keim der Hybris in sich, sie ist ein trotziges Vertrauen in die eigene Kraft und ein Erliegen gegenüber der Versuchung der Urschlange, zu werden wie Gott.

Gebet und Tat müssen einander also ergänzen. In dem Bereich, der hier zur Frage steht, ging es um das Judentum im Sinne der Tradition, des Glaubens, des Gebetes – und im Sinne der Tat, also des Zionismus als einer politischen und kolonisatorischen Bewegung.

Diese Synthese erschien mir selbstverständlich. Ich habe ihr viele Jahre später in meinem geschichtstheologischen Versuch »Die Antwort des Jona« (1956) systematischen Ausdruck verliehen.

Was mir aber selbstverständlich erschien und durch die Jahrzehnte innerster Besitz geblieben ist, war meiner Umwelt keineswegs selbstverständlich, ja nicht einmal verständlich.

In meiner an die Umgebung assimilierten Familie hielt man den Zionismus für das (negative) Privileg der sogenannten »Ostjuden«, die bei uns nicht heimisch werden konnten und sollten und daher gut daran taten, nach Palästina auszuwandern. Für uns jedenfalls kam der Zionismus nicht in Frage.

In meiner neuen Umgebung aber, der orthodoxen, sah man im Zionismus vorwiegend (mit wenigen Ausnahmen) eine Ketzerei. Der fromme Jude hatte mit der Rückkehr nach Zion zu warten, bis der Messias kommen würde. Ich hatte den Eindruck, daß die guten Leute nicht sehr ungeduldig warteten, sondern gewissermaßen einen ideologischen oder theologischen Überbau über ihr bürgerliches Beharrungsvermögen errichteten und sich darin wohlbefanden.

Von meinem Urgroßvater, dem Schuster Löb Schlüsselblum aus Landau in der Pfalz wurde mir berichtet, daß er bei der Sederfeier der Passahnacht seinen Spazierstock und ein Bündel mit den ungesäuerten Mazzen ergriff, Frau und Kindern erklärte, daß er nun nach Jerusalem gehe... aber an der Tür kehrte er wieder um, ließ sich von den Bitten der Familie erweichen und schloß die rührende Szene, Jahr um Jahr, mit dem traditionellen Ruf: »Das kommende Jahr in Jerusalem!«

Er hätte sich nicht träumen lassen, daß der Wanderstab, ein schlankes Spazierstöckchen mit Horngriff und Eisenzwinge, tatsächlich den Weg nach Jerusalem finden sollte. Ich bewahre das Familienerbstöckchen noch heute – in Jerusalem, und wenn ich sehr sentimental gestimmt bin, ergreife ich es sogar zur Sederfeier in der Passahnacht und sage: »Du hast's geschafft, von Landau nach Jerusalem«.

So vieles war zu Brauch und liturgischer Geste, eigentlich sogar zur Farce erstarrt. Franz Kafka hat in einem seiner Aphorismen diese Situation beschrieben: Schakale brachen in das Heiligtum ein und tranken alles Öl aus. Später wurde ein Ritual daraus.

Ich aber wollte mich nicht mit Brauch und ideologischem

Überbau begnügen, sondern drängte ungestüm zur Verwirklichung.

Das Wort »Verwirklichung« war eines der Leitworte Martin Bubers, der sogar von der »Verwirklichung Gottes zwischen den Menschen« sprach.

Martin Buber wurde für mich (wie für viele andere junge Juden meiner Generation) der Lehrmeister auf dem Wege nach Zion. In seinen »Reden über das Judentum« und in seinen chassidischen Büchern begegnete uns jene neue Wirklichkeit, die wir unartikuliert bereits in uns trugen. Hier wurde der Geist des Judentums neu beschworen, hier zeigte sich uns, jenseits von Ritual und Gesetz, eine weltoffene, lebensverbundene Frömmigkeit und zugleich ein Zionismus, der mehr als nur eine politische Aktion darstellte: Zion als Ziel und Aufgabe.

Die Orientierung auf ein »komplettes Judentum« hin mußte mich, ohne daß ich das beabsichtigte, in eine Outsiderstellung hineinmanövrieren.

Meiner Familie waren Tradition und Zionismus gleichermaßen unbehaglich, meinen traditionellen Wahlverwandten blieb der Zionismus ein Schrecken, Buber selbst stand jenseits der Tradition, und die meisten Zionisten der kleinen zionistischen Ortsgruppe in München gaben sich mit der pseudopolitischen Tätigkeit eines harmlosen Vereinsbetriebes zufrieden, indem sie bescheidene Sammlungen für den Jüdischen Nationalfonds und andere Palästina-Hilfswerke durchführten.

Die liberale Synagoge, die ich um der ästhetischen Gestaltung des Gottesdienstes willen liebte, wurde mir entfremdet, da dort in Predigten und Gebeten für das Vaterland ein deutscher Patriotismus gepflegt wurde, der mir bereits anachronistisch erscheinen mußte.

In der traulichen kleinen orthodoxen Synagoge »Ohel Jakob« unterließ man solche Deutschtümeleien und beschränkte sich auf die reiche Tradition in der Liturgie, während in den sehr seltenen Predigten fast nur innerjüdische Probleme angerührt wurden.

Ein junger Mensch sucht seinen Weg, aber er will ihn nicht alleine gehen. So führte mich die Suche nach einem für mich gangbaren Pfad in die jüdische Jugendbewegung.

Der Komplex der jüdischen Jugendbewegung dieser Jahre ist heute bereits ein Gegenstand historischer Forschungen geworden: Hermann Meier-Cronemeyer hat 1969 der jüdischen Jugendbewegung in Deutschland eine größere Forschungsarbeit gewidmet, über die er einen Vierzeiler Theodor Herzls setzte, den dieser einem Waisenknaben des Pogroms von Kischinev in das Stammbuch geschrieben hatte:

> Wann erscheint mir als gelungen
> Mein Bemüh'n auf dieser Erden?
> Wenn aus armen Judenjungen
> Stolze junge Juden werden!

Meier-Cronemeyer und andere nachgeborene Historiker können zwar vieles aus Publikationen und Akten rekonstruieren, aber die eigentümliche Atmosphäre dieses seltsamen Gebildes jüdischer Jugendbewegung in Deutschland kann sich nur demjenigen erschließen, der selbst in ihr stand. Das Objektive, das Programmatische war nicht entscheidend. Wie sehr die Bünde ihre Menschen prägten, konnte und kann man noch nach Jahrzehnten, nicht zuletzt im Lande Israel, erkennen:

> Wer je die Flamme umschritt
> Bleibe der Flamme Trabant ...

Dieses Wort stammt von Stefan George. Es ist kein Zufall, daß ich hier George zitiere, denn von seinem Ethos und Pathos war die deutsche Jugendbewegung, vom Wandervogel bis zur Freideutschen Jugend, stark mitgeformt. Diesem Sog konnte sich auch die jüdische Jugendbewegung nicht entziehen; sie war deutsch, auch wenn sie zionistisch war.

In München gab es damals innerhalb der jüdischen Jugendbewegung im wesentlichen drei Richtungen: Die »Kameraden«, einen deutsch-jüdischen Wanderbund, »Esra«, einen Bund orthodox-jüdischer Jugend, und »Kadima«, einen Bund jüdi-

44

scher Pfadfinder. Dazwischen oder daneben stand als größte Organisation der »Jüdische Jugendverein«, der aber nicht bündischen Charakter trug und kein ideologisches Profil aufzuweisen hatte.

Die »Kameraden«, die um 1928 noch ganz in der Ideologie des »Centralvereins deutscher Staatsbürger jüdischen Glaubens« lebten, also eine deutsch-jüdische Synthese anstrebten und jüdisches Volkstum im nationalen Sinne ablehnten, blieben mir aus diesem Grunde unzugänglich, obwohl meine Schwester eine Zeitlang sich dort betätigte.

Auch die orthodoxe »Esra«-Jugend war mir, trotz der Hinwendung zur Tradition, fremd. Man mußte wohl in diesen Kreis hineingeboren sein, um in ihm heimisch zu werden. Vor allem aber war die scharfe Ablehnung des Zionismus in diesen Kreisen für mich untragbar.

So schloß ich mich der »Kadima« an, dem Bund jüdischer Pfadfinder, der sich zwar damals noch nicht als zionistisch, wohl aber als national-jüdisch bezeichnete.

Es war dies eigentlich dasselbe, aber mit Rücksicht auf die Eltern drückte man sich etwas vorsichtiger aus.

Auch in diesem Kreise blieb ich zwar bis zu einem gewissen Grade ein Einzelgänger – nur wenige in diesem Bunde hielten nämlich die Formen jüdischer Tradition –, aber ich war doch keineswegs allein. Bis in die damals mir schwindelnd erscheinenden Höhen der Bundesführung in Berlin gab es »Kadima«-Pfadfinder, die Zionismus und Pfadfinderideale mit jüdischer Tradition in Einklang brachten (oder zu bringen bestrebt waren). Der Bund »Kadima« war eigentlich eine Art Nachfolgeorganisation der ursprünglichen zionistischen Jugendbewegung in Deutschland »Blau-Weiß«, die wiederum ein jüdischer Ableger des deutschen Wandervogels gewesen war. »Blau-Weiß« entstand im selben Jahre 1913, in dem sich die deutsche bündische Jugend auf dem Hohen Meißner bei Kassel ihr eigenes Gesetz gab: Selbstverantwortlichkeit, Selbsterziehungsrecht, Anerkennung des Eigenwertes der Jugend, Lebensreform durch Rückkehr zu Wahrhaftigkeit und Natürlichkeit in Wandern, Volkslied und Volkstanz und in einer reineren Beziehung zwischen den Geschlechtern.

All das galt auch für die jüdische Jugend des »Blau-Weiß«, die sich nach Ende des Ersten Weltkrieges immer stärker auf die Übersiedlung ganzer Gruppen von Pionieren nach Palästina einstellte.

Der Bund bestand aber die Feuerprobe der Wirklichkeit nicht. An inneren ideologischen, weltanschaulichen Schwierigkeiten und an den harten Bedingungen im Palästina der zwanziger Jahre ging er in die Brüche.

»Kadima« unterschied sich von der alten »Blau-Weiß«-Bewegung zunächst schon in der äußeren Form. Während diese ihr Vorbild im Deutschen Wandervogel hatte, hielt sich »Kadima« an die Ideale der Pfadfinder, wie sie durch General Baden-Powell seit 1908 von England ausgingen und in Deutschland bereits 1911, also noch vor dem Hohen Meißner, heimisch geworden waren.

Wir trugen die internationale Kluft der Pfadfinder mit Hut und Halstuch, grüßten uns mit dem erhobenen Zeige- und Mittelfinger der rechten Hand. Hinzu kamen aber noch spezifisch jüdische Symbole und als Gruß galt uns das Wort »Chasak« (Sei stark), während die Bundesfarben blau-weiß und gelb waren. Wir nahmen damit eine Symbolik vorweg, die erst einige Jahre später aktuell wurde, Blau-Weiß waren nämlich die Farben der zionistischen Weltorganisation und sind heute die Landesfarben des Staates Israel. (Zufällig stimmten diese Farben, wenn auch in umgekehrter Reihenfolge, mit den bayerischen überein.) Die Entstehungsgeschichte dieser Farbenkombination ist kurios: Auf dem ersten Zionistenkongreß in Basel sah sich Theodor Herzl genötigt, die Fahne des künftigen Judenstaates zu hissen, aber es gab keine. Da erklärte ihm sein Freund David Wolffsohn, daß der jüdische Gebetsmantel hellblaue Streifen auf weißem Grunde aufweise – und das *sei* die Fahne. So wurde eine Flagge geboren, die zum Wahrzeichen der Zionistischen Bewegung und später des Staates Israel wurde.

Bei »Kadima« fügten wir noch einen gelben Streifen hinzu, eine Erinnerung an den gelben Judenfleck im mittelalterlichen Getto. Die Schandfarbe sollte zur Ehrenfarbe werden. Wir konnten nicht wissen, daß bereits wenige Jahre später der gelbe Judenstern wieder eingeführt würde, ein Todeszeichen für seine Träger.

Zum 1. April 1933 gab der zionistische Journalist Robert Weltsch in der »Jüdischen Rundschau« in Berlin die Losung aus: »Tragt ihn mit Stolz, den gelben Fleck«, und der Dichter Karl Wolfskehl, ein Jünger Stefan Georges, griff das Thema in dem wunderbaren Gedicht »Kalon bekawod namir« (Schande wollen wir in Ehre verwandeln) auf:

Gelb flammt überm Herz das Band
Wir schwören uns Hand auf Hand:
Zum Leben, du gelber Fleck!
Bald bist du der Andern Schreck.
Was Schmach dort, ist Ehre hier:
Kalon bekawod namir.

Wir, die Jungen, hatten diesen Gedanken vorweggenommen, wie es uns überhaupt leichter fiel als der älteren Generation, konsequent und unbeirrt Wege jüdischer Selbstverwirklichung zu finden.

Heute weiß ich, wie schwer es dem älteren Menschen fällt, die Klarsicht der Jugend zu erkennen. Mit zunehmenden Jahren beruft man sich gern und häufig – und nicht zu Unrecht – auf die Erfahrungen, die man in der Schule des Lebens erworben hat. Aber man vergißt darüber nur allzu leicht, daß die Intuition, die Sicht des Wesentlichen, das Privileg der Jugend ist.

Nichts hemmt die Klarsicht so wie Erfolg und Anerkennung Wir hatten sie noch nicht aufzuweisen. Unseren Eltern aber mußte es schwer fallen, die Sicherungen ihrer bürgerlichen Existenz gering zu achten, das heraufziehende Unheil rechtzeitig zu erkennen.

Man darf sich nicht vorstellen, daß wir als Unheilspropheten einen Kassandra-Verein bildeten. Wir waren fröhlich, unbeschwert, gingen gern auf große Fahrt, klauten auch einmal Kartoffeln auf einem Acker, um sie im Lagerfeuer zu braten, liebten die schöne Landschaft unserer bayerischen Heimat, aber zugleich entsannen wir uns stets unserer Herkunft, die unsere Zukunft sein sollte, auf das Land Israel und die Aufgaben, die uns dort erwarteten.

Allerdings hatte man aus der Erfahrung des »Blau-Weiß« gelernt und zog daher unsere Jugendbewegung nicht mehr als Chaluz-Bewegung, als Pionierbund für Israel auf, sondern stellte es dem Einzelnen anheim, sich in einer ihm gemäßen Weise für einen späteren Einsatz im Lande Israel vorzubereiten. Kein Zwang wurde ausgeübt, kein moralischer Druck, denn wir wußten, daß Fünfzehn- und Sechzehnjährige überfordert würden, wenn man es zu einem so offenen Konflikt mit dem Elternhaus brächte.

Die Höhepunkte des bündischen Lebens waren die Bundestage, auf denen sich die Mitglieder des Bundes aus dem ganzen Reich trafen. Besonders lebendig erinnere ich mich noch des Bundestages von Schieder in Lippe im Jahre 1930.

Ein paar hundert jüdische Jugendliche schlugen hier ihr Zeltlager auf. Die Fahne mit dem hebräischen Buchstaben ›Kuph‹ (dem Initial des Wortes »Kadima« gleich »Vorwärts«) und der Pfadfinderlilie wehte über dem Lagerplatz, den nachts der rötliche Schein unserer Wachtfeuer erhellte.

Mit Trompetensignal wurde am Morgen geweckt und beim Appell ertönten hebräische Kommandorufe, die sich heute zum Teil wieder in der Armee Israels finden. Wir sangen hebräische Lieder, ohne sie immer zu verstehen, aber natürlich auch deutsche Volks- und Landsknechtslieder. Die Münchner Delegation hatte das beliebte Liederbuch »Der Zupfgeigenhansl« mitgebracht.

Unser Lagerleben erhielt allerdings eine romantische Note, auf die wir gerne verzichtet hätten. Die Hitlerjugend der Umgebung plante einen Überfall auf die Zelte Jakobs. Wir hatten zwar unsere Wachen aufgestellt, zogen es aber trotzdem vor, gleichzeitig auch die Polizei zu benachrichtigen, die den beabsichtigten Angriff unterbinden konnte.

Schon im Jahre vorher, 1929, war es bei einem ähnlichen Anlaß zu Zusammenstößen mit antisemitischer deutscher Jugend gekommen, die in Keilereien ausarteten. Auch wenn wir dabei nicht weniger kampflustig waren als die Gegner, stand im Mittelpunkt dieses Bundestages aber doch ein ganz anderes Ereignis. Während unseres Ferienlagers erreichten uns aus Palästina Nachrichten von arabischen Unruhen, die an der Klagemauer ausgebrochen waren, geschürt vom Mufti von Jerusalem. Die ersten Opfer waren zu beklagen.

Wir standen am Lagerfeuer vor einem deutschen Wald und waren zugleich an der Westmauer des Tempels in Jerusalem. Damals festigte sich in mir der Entschluß, mich ganz und eindeutig für Jerusalem zu entscheiden.

Ich weiß nicht, ob ich das stumme Gelöbnis dieser Stunde wirklich und wörtlich eingehalten hätte, wenn die Verhältnisse in Deutschland nicht bereits vier Jahre später die Entscheidung erleichterten. Die Verfinsterung im Land unserer Geburt nahm uns eine Heimat, doch sie gab uns keine neue, und viele deutsche Juden haben keine mehr gefunden. Sie gingen in die Emigration und blieben in ihr. Uns aber hatte sich in der Jugendbewegung bereits vor dem Sturm, der uns aus dem Lande fegen sollte, die neue Heimat erschlossen.

Tatsächlich bin ich dann später in Israel vielen meiner ehemaligen Kameraden aus der jüdischen Pfadfinderbewegung wieder begegnet. Nicht alle blieben in Israel, manche zogen weiter, aber fast alle machten den ehrlichen Versuch, die Ideale unserer frühen Jugend zu verwirklichen.

Es gibt keinen organisatorischen Zusammenhang mehr zwischen den ehemaligen Kadimanern, aber wo immer man sich begegnet, ist das altvertraute »Du« selbstverständlich und es lebt in uns allen noch etwas von den Jahren, die uns formten.

Ein Problem, das die Jugendbewegung damals beschäftigte, war die Frage der Koedukation. Man kann das heute kaum mehr verstehen, denn die Jugendbewegungen in Israel, vor allem die relativ großen Pfadfinderbünde, der »Zophim«, die in etwa mit dem zu vergleichen sind, was wir begonnen hatten, besteht natürlich aus gemischten Gruppen von Jungen und Mädchen.

Unsere Erziehungsideale sahen noch anders aus, obwohl ich selbst für Koedukation eintrat und auch in einem von mir geführten Zug (so nannte man die Gruppen) diesen Versuch unternahm. Es erwies sich aber als problematisch: Eros und Pfadfinderdisziplin ließen sich schwer vereinigen. Wir hatten noch nicht die Unbefangenheit heutiger Jugend, denn unsere Schulen waren streng getrennt, so daß die Begegnung mit Mädchen noch nichts Alltägliches war.

Auf den großen Fahrten aber, die weit ins Land hinein und über die Grenze auch nach Österreich und Südtirol führten, wanderten die Mädchen mit uns. Das brachte es allerdings mit sich, daß ich auf einer dieser großen Fahrten nicht ganz unabsichtlich die Gruppe verlor, um mich mit einer sehr süßen Blonden zu »verlaufen« und erst nach zwei Tagen wieder zu den Freunden zurückzukehren. Das kluge Mädchen mußte aber meine Strategie doch durchschaut haben, denn sehr bald tauchte auch ihre Freundin auf, so daß wir zu Dritt eine Extratour unternahmen, die ich später in einer nie veröffentlichten Novelle beschrieb.

Eine der Hauptschwierigkeiten in unserer zionistischen Orientierung war und blieb die hebräische Sprache. Wir hatten im allgemeinen keine Ahnung von unserer proklamierten Muttersprache, sondern waren ausschließlich in unserer natürlichen Muttersprache, dem Deutschen (mit bayerischem Dialekt), zuhause.

Man hatte allerdings im Religionsunterricht die Anfangsgründe des hebräischen Alphabets gelernt, wohl auch einige wenige Gebete und Bibelstellen, vor allem aus den Fünf Büchern Mose, aber von einer Beherrschung der Sprache konnte überhaupt nicht die Rede sein.

Ich selbst erhielt mit etwa sechzehn Jahren das sogenannte

Kulturreferat in unserem Bunde in München übertragen und war daher in erhöhtem Maß verpflichtet, die Sprache meiner Väter zu erlernen. Sehr weit habe ich es darin nicht gebracht. Die zionistische Ortsgruppe in München hatte bereits in den zwanziger Jahren eine hebräische Sprachschule eingerichtet, in der das gesprochene Hebräisch gelehrt und gepflegt wurde. Studenten aus Osteuropa, die meist schon einige Jahre als Arbeiterpioniere in Palästina gelebt hatten, waren unsere Lehrer. Einer dieser jungen Männer machte eine Ausnahme, er wurde nämlich an den Kammerspielen ausgebildet, um sodann im hebräischen Theater Palästinas zu wirken. Er vermittelte uns besonders die phonetische Seite des Hebräischen, die im synagogalen Gebrauch völlig verkümmert war.

Meine eigentlichen Lehrer in der Sprache, die sich mir nur sehr langsam erschloß, waren zwei ausgezeichnete Philologen, Rachmiel Katz und Dr. Aisik Percikowitsch (Perez), die beide in späteren Jahren in Israel als Schuldirektoren tätig waren – ein Zeichen für ihre hohe Qualifikation.

Percikowitsch stammte aus Litauen und konnte daher kein H aussprechen. Das brachte uns auf den glücklichen Einfall, ihm im Winter von den Ski-Erlebnissen in Icking, unserem klassischen Übungsplatz, zu erzählen und dabei möglichst oft den »verharschten Schnee« zu erwähnen. Wenn er dann mühselig dieses Wort wiederholte, natürlich unter Auslassung des H, löste das stürmische Heiterkeit aus, die der ahnungslose Philologe wiederum nicht verstand.

Durch Percikowitsch lernte ich auch seinen Nürnberger Kollegen Sch. Schapira kennen, der sich Sch. Schalom nannte und eine große Hoffnung der neuhebräischen Literatur war. Die Erwartungen, die in ihn gesetzt wurden, hat er nicht enttäuscht. Der mit dem Staatspreis ausgezeichnete Schalom gilt heute als einer der bedeutendsten Lyriker Israels und seine Dichtungen sind zum Teil Gemeingut des Volkes geworden. Der stille, dickliche und in sich gekehrte Mann machte mir tiefen Eindruck, denn hier begegnete ich zum ersten Male einem Menschen, dem die hebräische Sprache zum dichterischen Ausdruck der Seele erblüht war. Ich schrieb um diese Zeit meine ersten eigenen Gedichte, unverkennbar unter dem Einfluß Rilkes und Georges, aber ich beneidete den Mann, der auf der Davidsharfe des Hebräischen spielen konnte.

Mit seiner Hilfe übersetzte ich einige seiner Verse und ein Stück seiner Prosa »Galiläisches Tagebuch« ins Deutsche. Das Hebräische ist die klassische Sprache des jüdischen Volkes und lebt heute wieder. Der Dichter und Nobelpreisträger S. J. Agnon verglich diese Sprache mit dem wachgeküßten schlafenden Dornröschen.

Aber das Hebräische ist nicht die einzige Sprache der Juden. Millionen Juden in Osteuropa sprachen Jiddisch. Da die großen Zentren jiddischer Literatur, Presse und Kultur in Polen und anderen osteuropäischen Ländern durch die Nationalsozialisten vernichtet wurden, ist dies eine aussterbende Sprache. In Nord- und Südamerika spricht die ältere Generation der Juden, die aus osteuropäischen Ländern eingewandert sind, zwar noch ihre »Mameloschen« (Muttersprache), doch die Jugend ist längst zum Englischen, Spanischen oder Portugiesischen übergegangen.

Auch in Israel sieht es nicht anders aus. Die Zeiten des Sprachenkampfes, in welchem Jiddischisten und Hebraisten miteinander rangen, sind vorüber und an der Hebräischen Universität in Jerusalem gibt es sogar einen Lehrstuhl für jiddische Sprache und Literatur, der dieses Rudiment der Diaspora bewahren soll.

Das Jiddische stammt aus dem Mittelhochdeutschen, ist aber von Slawismen und Hebraismen durchsetzt: eine kraftvolle, gemütstiefe Sprache, vielleicht mehr eine Mundart.

Ich hatte bis zu meinem fünfzehnten Lebensjahr keine Ahnung von der Existenz dieser Sprache. Damals aber kam mir ein Buch des ostjüdischen Dichters Jizchak Leib Perez in die Hände. Als ich den Vermerk »Aus dem Jüdischen von Alexander Eliasberg« las, fragte ich verwundert, warum hier nicht »Aus dem Hebräischen« steht? So erfuhr ich, daß es das

Jüdische, besser gesagt das Jiddische, als eigene Literatursprache gibt.

Nach dem Klassiker Jizchak Leib Perez war in München ein Kulturverein »Perez« benannt, der sich die Pflege der ostjüdischen Folklore zum Ziel gesetzt hatte. Ich wurde das einzige westjüdische Mitglied dieses Vereins, und so sehr ich mich auch bemühte das Jiddische zu erlernen, es war vergeblich.

Die Besuche jiddischer Dichter in diesem Kreise waren Höhepunkte, und als uns der weltberühmte Romancier Schalom Asch beehrte, mietete man den Cherubinsaal, in welchem sonst Autoren wie Thomas Mann und Jakob Wassermann aus ihren Werken lasen. Ich verstand nur wenig von dem, was Schalom Asch aus seiner Trilogie: »Moskau – Warschau – Petersburg« vorlas, aber die Tatsache, einem der großen Repräsentanten der jüdischen Volkssprache zu begegnen, wurde ein formendes Erlebnis für mich.

Ich mußte mich dann mit Joseph Löwy begnügen, einem wesentlich geringeren jiddischen Dichter, der als Möbelhändler in München lebte und schwungvolle jiddische Gedichte verfaßte, die in Zeitungen Polens und Amerikas erschienen. Ich übersetzte auch von diesen Gedichten einige ins Deutsche und konnte sie zur Freude des Autors, der mir vorher Wort um Wort erklärte, sogar veröffentlichen und war sehr stolz auf diesen Einstieg in eine jüdische Subkultur, die für mich komplettes Neuland war.

Weder die Jugendbewegung noch das Studium der hebräischen Sprache und der jüdischen Geschichte konnte mich aber ausfüllen. Ich suchte nach klarerer politischer Orientierung, wobei es mir deutlich war, daß der Anschluß an die politischen Parteien und Bewegungen meiner deutschen Umwelt nicht in Frage kam. Einer meiner Vettern wollte mich für das »Reichsbanner« gewinnen, andere für bayerische Jugendbünde, in denen sie einen mehr konservativen Weg einzuschlagen versuchten. Das alles erschien mir völlig anachronistisch, und ich sollte leider recht behalten.

Aber auch die undifferenzierte Haltung der »Kadima«

konnte meinen jugendlichen Radikalismus auf die Dauer nicht befriedigen und so gründete ich zweimal neue Gruppen von Bewegungen, die es nur außerhalb meiner Heimatstadt München gab. Geschult durch entsprechende Lektüre, wollte ich meine ideologischen Vorstellungen verwirklichen, doch bei der Konfrontation mit der Realität scheiterte ich jedesmal. Diese Erfahrung sollte sich auch in reifen Jahren wiederholen. Immer wieder mußte ich erkennen, daß die Reinheit der Ideen, die der Einzelgänger tief durchdacht hatte, in organisatorischer Wirklichkeit der Trivialisierung ausgesetzt blieben.

Zunächst versuchte ich die Synthese von Zionismus und religiöser Haltung, wie sie etwa in großen jüdischen Gemeinden wie Berlin, Hamburg, Breslau oder Frankfurt a. M. in der Jugendbewegung »Zëire Misrachi« angestrebt wurde. Durch einen Aufsatz »Der Nationalismus in der absoluten Konsequenz«, in dem ich mich 1930 in der Zeitschrift »Zion« mit dem Buch »Probleme des modernen Judentums« von Jakob Klatzkin auseinandersetzte, kam ich mit diesem Kreis in Kontakt und nahm im Sommer des darauffolgenden Jahres an dem Bundestreffen teil, das diese Bewegung junger religiöser Zionisten auf dem Ausbildungsgut jener Chaluzim (Pioniere) abhielt, die sich zur Arbeit in Palästina vorbereiteten.

Hier, auf dem Gehringshof bei Fulda, war die Atmosphäre anders als auf unseren Bundestagen. Sie wurde geregelt durch die strengen Formen jüdischer Tradition und reichte vom dreimaligen täglichen Gebet bis zum Tischsegen nach jeder Mahlzeit.

Der Redakteur der Zeitschrift »Zion«, Isi Eisner aus Berlin, der spätere Inspektor des religiösen Erziehungswerkes in Israel, begrüßte mich freudig: »Der Essai deines Vaters war ganz hervorragend.«

Mir blieb nichts anderes übrig, ich mußte gestehen, daß ich selbst der Verfasser dieser tiefgründigen Rezension war. Eisner vermochte nur mit Mühe den Knaben, den er vor sich hatte, mit dem Autor des Artikels zu identifizieren. Natürlich schmeichelte mir diese Verwechslung, aber bald mußte ich erkennen, daß die Bewegung innerlich so zerklüftet war, daß ich hier keinen Raum für mich fand.

Die großen Antagonisten waren (und blieben) Jeschajahu Leibowitz und Joseph Burg.

Leibowitz wurde Professor für Chemie an der Hebräischen Universität in Jerusalem und im öffentlichen Leben Israels »der Geist, der stets verneint«.

Noch zweimal bin ich in Israel mit ihm zusammengetroffen, einmal bei einem Podiumsgespräch über religiöse Erneuerung im Jerusalemer Volkshaus, und ein andermal bei der Dialogkonferenz des Amerikanisch-Jüdischen Kongresses im Weizmann-Institut zu Rechovoth. Wir konnten keine gemeinsame Sprache finden, denn Leibowitz sah und sieht im Judentum nichts als einen eisernen Pflichtenkodex, der Emotionen, Überzeugungen, ja eigentlich den Glauben selbst, als sekundär und unwesentlich entwertet.

Dr. Joseph Burg wurde Israels Innenminister, ein überaus jovialer Mann, durch und durch Politiker, der religiöse Zielsetzungen mit parlamentarischen Mitteln zu verwirklichen bestrebt ist.

Es ist rückblickend interessant zu sehen, daß diese Haltungen sich in über vierzig Jahren nicht geändert haben und daß sie schon in jenen Jahren deutlich in Erscheinung traten. »Wo ist der eitle Narr, der unsere Bewegung zerstört hat?« begann Leibowitz, der auf mich wie der Mephisto der Salzburger Aufführung wirkte. Der Referent heftete seinen stechenden Blick auf seinen Gegner Burg, der mit gelassenem Lächeln, fast möchte man sagen wahrhaft ›christlich‹, die Angriffe ertrug und in kluger, überlegener Weise antwortete.

Mir wurde klar, daß diese Menschen vom Liebesgebot der Thora: »Liebe deinen Nächsten, er ist wie du« (3. Mose 19,18) weit entfernt waren.

Manche Christen meinen, daß dieses Gebot, das sich bei Matthäus und Lukas als Zitat aus der Thora findet, ein Wort Jesu sei. Das ist nicht der Fall. Jesus hat es, ebenso wie übrigens auch Rabbi Akiba, als eines der vornehmsten Gebote hervorgehoben.

Das Leben führte mich in den kommenden Jahren oft in christliche Gemeinschaften, in welchen ebensowenig von der Verwirklichung des Liebesgebotes zu spüren war. Wo sich der Glaube aber nicht im zwischenmenschlichen Bereich konkretisiert, bleibt er leer und tot.

Geradezu erschreckend wirkte auf mich die Äußerung Leibowitz', daß man in der Morgenfrühe auch zähneknirschend und ohne die geringste Neigung am Gottesdienst teilnehmen müsse, denn es komme nur auf die Erfüllung der Gebote an.

Wieder mußte ich erkennen, daß sich zwischen solcher Gesetzesfrömmigkeit und meiner Sehnsucht nach lebendigem Glauben keine Brücke schlagen ließ.

Ich reiste enttäuscht vom Gehringshof ab und löste sehr bald die Verbindungen zu diesem Kreise, obwohl (was hier dankbar vermerkt sein soll) eine dort geschlossene Freundschaft mich lebenslang begleitete.

Die zionistische Bewegung war zu Beginn der dreißiger Jahre in zwei Lager gespalten. Die Mehrheit wurde vom Präsidenten der Zionistischen Weltorganisation, Professor Chaim Weizmann, geführt, der als erster Präsident des Staates Israel im November 1952 starb. Weizmann vertrat den sogenannten synthetischen Zionismus, der durch Kolonisation und Infiltration Fakten schaffen wollte. Das eigentliche Ziel des Zionismus, der Judenstaat, sollte – aus politisch-taktischen Gründen – nicht hervorgehoben werden.

Weizmanns scharfer Gegner war Vladimir Jabotinsky, der Gründer der »Union der Zionisten-Revisionisten«. Die Revision des Zionismus bestand im Rückgriff auf die klassische Konzeption Theodor Herzls – im »Judenstaat«.

Jabotinsky hatte im Ersten Weltkrieg die »Jüdische Legion« gegründet, die als Hilfscorps der Britischen Armee des Generals Allenby Dienste leistete, kommandiert von dem schottischen Colonel Patterson.

Bald aber wurde Jabotinsky der erbittertste Gegner der Briten im Mandatsland Palästina. Er wurde des Landes verwiesen, lebte in Paris und starb 1940 in New York. Gegen den Widerstand von Israels erstem Ministerpräsident David Ben-Gurion wurde seine Leiche 1964 auf den Herzlberg in Jerusalem überführt.

Für mich war es klar, daß der Zionismus den Judenstaat anstrebte – nichts anderes. Jede Vertuschung dieses Endziels schien mir unredlich und sinnlos.

Im deutschen Zionismus war diese einfache Erkenntnis aber äußerst unpopulär. Da der führende Ideologe, Kurt Blumenfeld, überdies ein geschworener Gefolgsmann Weizmanns war, stand die »Zionistische Vereinigung für Deutschland« ganz in dessen Schatten.

Nur ein sehr kleiner Kreis, der sich um den Berliner Intellektuellen Richard Lichtheim sammelte, vertrat die revisionistische Ideologie im deutschen Zionismus. Ich konnte gar nicht anders, als mich diesem Kreise anschließen, der in München nicht mehr als fünf oder sechs Anhänger hatte, unter ihnen meinen Freund Hans Ludwig Schulz, einen bibelgläubigen Protestanten, der mit seiner Familie zum Judentum konvertiert war.

Auch die revisionistische Bewegung hatte ihren Jugendbund. Er hieß »Bethar« und berief sich auf Joseph Trumpeldor, einen russisch-jüdischen Kapitän und Mitkämpfer Jabotinskys, welcher bei der Verteidigung der galiläischen Grenzsiedlung Tel-Chai im Februar 1920 gefallen war. Um ihn wob sich bereits ein Mythos und er war das Symbol, das Leitbild der »Bethar«-Jugend.

Ich gründete wiederum einen Bund, den »Bethar« in München und hatte vier oder fünf jugendliche Weggenossen, die mir treu ergeben waren.

Im Sommer 1932 fand die Fünfte Revisionistische Weltkonferenz in Wien statt. Auf einem kleinen Flußdampfer fuhr ich donauabwärts von Passau nach Wien, getragen von den höchsten Erwartungen, die zu einer weiteren Enttäuschung führen mußten.

Die Faszination, die von der Gestalt Jabotinskys ausging, war allerdings echt. Dieser kleine, häßliche Mann mit den funkelnden Brillengläsern wuchs als Redner weit über sich hinaus und vermochte seine Hörer in vielen Sprachen in Bann zu schlagen.

In der Rotunde des Zirkus Busch in Wien hielt er das Eröffnungsreferat. Er begann in klassischem Hebräisch, wandte sich französisch an die Vertreter des diplomatischen Corps, apostrophierte den britischen Botschafter englisch, begrüßte den Bürgermeister von Wien in einem harten aber vollkommen korrekten Deutsch, ging in seine russische Muttersprache über, referierte dann in einem saftigen Jiddisch und schloß wiederum hebräisch.

Und das alles ohne Manuskript!

Entsprechend der alten Herzlschen Etikette hielt Jabotinsky sehr auf äußere Formen. Natürlich erschien er zur Eröffnungssitzung im Smoking und zu einem Appell der »Bethar«-Jugend in einer schmucken Uniform, die leider braun war. Die dunkelbraunen Hemden der Betharisten wurden selbstverständlich zu einem Argument unserer Gegner, die versuchten, den Revisionismus als jüdischen Faschismus zu diskreditieren.

Jabotinsky war sicher eine Führerpersönlichkeit, aber zugleich ein echter Demokrat im Sinne des alten russischen Liberalismus. Er vermied es, autoritäre Beschlüsse zu fassen und legte jede Frage der revisionistischen Bewegung den demokratisch gewählten Gremien zur Entscheidung vor.

Die Arbeitsfähigkeit dieses Mannes war phänomenal. Er war Politiker und Journalist, Schriftsteller und Übersetzer — und dies alles gleichzeitig.

Unter dem Pseudonym Altalena (Schlafet nicht) veröffentlichte er, auch in deutscher Sprache, seinen großartigen biblischen Roman »Richter und Narr« um die Gestalt Simsons. In ihm sah er das Symbol dessen, was eine Generation vorher Max Nordau, der engste Mitarbeiter Theodor Herzls, »Muskeljudentum« genannt hatte.

Er übersetzte Dante aus dem Italienischen ins Russische und

ins Hebräische und war darüber hinaus regelmäßiger Mitarbeiter der jiddischen Presse in Warschau und der hebräischen in Palästina.

Ich konnte ihn beobachten, wie er während der Wiener Konferenz einen Artikel für den Warschauer »Haint« schrieb. Ein Bote stand neben ihm, um das Manuskript in Empfang zu nehmen. Jabotinsky hörte aber gleichzeitig in der Generaldebatte die Argumente der Redner und ging in seinem Schlußwort auf jeden ein. In seinen Reden bediente er sich zuweilen rhetorischer Kunstgriffe. Er tat, als ob ihm ein Wort fehlte und fragte das Publikum nach der fehlenden Vokabel, um so einen lebendigeren Kontakt herzustellen.

»Wir müssen den Judenstaat Tag und Nacht fordern, wir müssen uns auch mit dem Satan verbünden (gemeint war hier wohl Mussolini und der italienische Faschismus, nicht aber Hitler, wie die Gegner behaupteten) um unser Ziel zu erreichen; wir müssen geradezu lästig werden. Wir müssen...«, jetzt suchte der Redner scheinbar nach einem Jargonausdruck: »Wir müssen... *Nudnikim* werden, ewige Bittsteller, Forderer, Nörgler, die den andern auf die Nerven gehen, denn der Schrei ist die Waffe des Wehrlosen.«

Er suchte also nach dem Jargonwort »Nudnikim«.

Ein begeisterter Anhänger soll ihm dieses Wort in Warschau zugerufen haben. Am nächsten Abend sprach Jabotinsky in Wilna und wandte denselben Kunstgriff an. Da ertönte aus dem Auditorium der Ruf des getreuen Anhängers, der dem Meister gefolgt war: »Aber, Herr Jabotinsky, ich habe es Ihnen doch gestern abend schon in Warschau gesagt...!«

Es gelang unserer winzigen Gruppe, Jabotinsky nach München zu bringen, wo er im Festsaal des »Bayerischen Hofes« sprach. Selbstverständlich wieder im Smoking. In seiner Rede, die er in tadellosem Deutsch hielt, zitierte er Heines Lorelei, die er — in sehr gewagter Symbolik — mit der Tochter Zions verglich.

Neben Jabotinsky verblaßten die anderen Männer der revisionistischen Bewegung. In Wien selbst gab Oberbaurat Robert Stricker, der Vizepräsident der Union der Zionisten-Revisionisten, den Ton an. Mit seinem schwarzen Bart und seinem Wiener Dialekt verkörperte dieser hochgewachsene Ur-Wiener die Herzl-Tradition dieser Stadt. Auch ihn konnten wir in München hören, wo er im »Künstlerhaus« (wie erwähnt, ein Stammlokal Hitlers) gegenüber der Hauptsynagoge sprach. Stricker war ein durch und durch bürgerlicher Mensch, der erklärte: »In jedem besseren Hause muß es ein Klavier geben, auch wenn es niemand spielen kann. So meinen unsere zionistischen Sozialisten, daß der Klassenkampf zur kompletten Einrichtung gehöre, auch wenn es in Palästina gar keine Kapitalisten gibt.«

Mit Formulierungen dieser Art hatte er zwar die Lacher auf seiner Seite, konnte aber Männer wie Ben-Gurion nicht überzeugen. Stricker gab eine Zeitung »Neue Welt« heraus, an der ich auch mitarbeitete. Sie wurde immer wieder verboten, denn dieser bürgerlich-gemütliche Mann konnte zum Radikalen werden, wenn es um die Bekämpfung des Austro-Antisemitismus ging. Nach dem Anschluß rechneten seine Feinde mit ihm grausam ab. Er konnte die rettende Küste Palästinas nicht mehr erreichen und starb in einem Konzentrationslager.

Ebenfalls aus Wien stammte der Arzt und Journalist Dr. Wolfgang von Weisl, der aber zu dieser Konferenz bereits aus Palästina kam, wo er in Gedera seßhaft geworden war. Seine Frau, eine auffallende Schönheit, stammte aus der Türkei. Wolfgang von Weisl überbot alle anderen an Phantasie und forderte zum Beispiel die Gründung eines Ordens jüdischer Bettelmönche, die ein zeitliches Gelübde ablegen sollten. In bitterer Armut sollten sie als lebende Mahnung die Welt durchziehen, an jedes jüdische Haus anklopfen und sagen: »Weißt du, daß der Judenstaat noch nicht gegründet ist ...?« Diese geplante Veredelung der Schnorrer zu einem nationalen Memento ist ihm allerdings nicht gelungen.

Der Schriftsteller Arnold Zweig lieferte 1932 in seinem Roman »De Vriendt kehrt heim« ein vorzügliches Bildnis

Weisls, der dort unter dem Namen Ritter von Marschalkowitz auftritt. Trotz seiner radikal-jüdisch-nationalistischen Haltung behielt von Weisl auch in Palästina das Adelsprädikat bei, das die Habsburger seinem Großvater verliehen hatten. Die österreichisch-israelische Synthese wurde in ihm existentielle Einheit.

Aus Polen war der Lyriker Uri-Zwi Grinberg erschienen, der seine Verse jiddisch und hebräisch schrieb. Er lebte zwar bereits seit 1924 in Palästina, kehrte aber doch immer wieder für einige Zeit nach Warschau zurück. Er wurde später der große hebräische Sänger, der die Vernichtung des osteuropäischen Judentums in seinen Klageliedern besang.

Damals, 1932, war er ein junger, hagerer Rotkopf, der seine Gedichte so ekstatisch vortrug, daß er bei der Lesung rücklings vom Podium fiel.

Unter den Jüngeren war für mich die faszinierendste Gestalt Abba Achimëir aus Jerusalem, der den Club revolutionärer Zionisten »Birjonim« führte. Daß dieser Club, der hier als Fraktion auftrat, im Keller des Kongreßgebäudes tagte, war fast symbolisch, denn es handelte sich tatsächlich um eine Art Untergrundbewegung.

Ein Jahr später sollte Achimëir im Zusammenhang mit einem Attentat zu tragischer Berühmtheit gelangen. Am Strande von Tel Aviv war am 16. Juni 1933 Dr. Chaim Arlosoroff, der Leiter des politischen Departements der Zionistischen Exekutive und einer der markantesten Führer der zionistisch-sozialistischen Arbeiterschaft, erschossen worden. Des Mordes angeklagt wurden die beiden Betharisten Stavsky und Rosenbaum, während Dr. Abba Achimëir als geistiger Urheber des Attentats vor Gericht gestellt wurde. Die Angeklagten mußten mangels Beweises freigesprochen werden, aber das furchtbare Odium des Brudermordes haftete ihnen an. Jahrzehntelang kam die Affäre Arlosoroff nicht zur Ruhe, und im Jahre 1973 wurde sie sogar neu aufgerollt.

Damals, im Wien des Jahres 1932, beeindruckte mich Achimëir zutiefst, wenn er zum Beispiel von der »heiligen Lüge«

sprach, die im politischen Kampf eingesetzt werden müsse. Nietzsche und die Makkabäer hatten ihn geprägt, und die jüdischen Geheimorganisationen »Irgun Zvai Leumi« (Militärisch-nationale Organisation) sowie »LECHI« (nach ihrem von den Engländern erschossenen Führer Abraham Stern-Jair, auch Sterngruppe genannt), sahen in Achimëire ihren Ideologen. In den Jahren nach dem Zweiten Weltkrieg haben diese Gruppen durch ihren radikalen Untergrundkampf gegen die britische Mandatsmacht sicher sehr viel dazu beigetragen, daß die Briten aus Palästina abzogen.

Mich wühlte diese erste Begegnung mit einem kämpfenden Judentum im Innersten auf.

Ich hatte Jabotinsky mein 1931 erschienenes literarisches Erstlingswerk, den Legendenkreis »Die seltsame Gemeinde«, überreicht. Das Buch trug die gedruckte Widmung: »Martin Buber, dem Weisenden«. Jabotinsky sah diese Widmung mit hochgezogenen Brauen und meinte: »Wenn Sie in Buber Ihren Lehrmeister sehen, so haben Sie einen bedeutenden Mann gewählt ... nur von Politik versteht er nichts.«

Buber war der politische Antipode Jabotinskys und trat in seinem Friedensbund »Berith Schalom« für die Zusammenarbeit mit den Arabern in Palästina ein; später, in der Organisation »Ichud«, sogar für einen binationalen Staat von Juden und Arabern.

Ich selbst stand zwischen zwei Feuern: Bubers hebräischer Humanismus bahnte mir Wege zu einer sinnvolleren jüdischen Existenz, während mir Jabotinskys politisches Klarziel die einzig mögliche Interpretation des Zionismus zu sein schien.

Ich bin über diesen Zwiespalt nie ganz hinausgekommen, aber die Geschichte selbst hat die Widersprüche gelöst. Buber, der den Judenstaat nicht wollte, stimmte ihm dann als unserem Schicksal zu und trug mit an der Verantwortung, während manche seiner politischen Gesinnungsfreunde das Land verließen.

Buber war mir im Juni 1930 in München auf einer Tagung des

Verbandes der jüdischen Jugendvereine Deutschlands, in der Tonhalle, zum erstenmal persönlich begegnet. Er hielt damals seine Rede: »Wie kann Gemeinschaft werden?«, die sich mir unvergeßlich ins Gedächtnis eingeprägt hat.

Der Grundgedanke war, daß Gemeinschaft nie als solche angestrebt werden kann, sondern als das edle Nebenprodukt gemeinsamer Bemühung um ein konkretes Ziel erwächst. Es geht mit der Gemeinschaft, wie mit der Persönlichkeit. Wenn ein Mensch sich vornimmt, Persönlichkeit zu werden, kann er alles mögliche werden – nur keine Persönlichkeit. Indem er sich aber einem Ziel, einer Aufgabe, einer Pflicht, einem Dienst verschreibt, wird er von selbst Persönlichkeit.

Buber sprach zu den Jugendlichen in einem Ton, der offenbar das Vertrauen so sehr stärkte, daß in der anschließenden Aussprache einer der Teilnehmer ihn als ›Chaver (Kamerad) Martin‹ apostrophierte. Buber nahm es schmunzelnd hin.

Es ist übrigens merkwürdig, daß das Problem der Pseudopersönlichkeit gleichzeitig bei zwei ganz heterogenen Denkern auftauchte: bei Martin Buber und bei Erwin Guido Kolbenheyer, einem erzkonservativen deutschen Schriftsteller, der später leider nur allzu gern seinen Frieden mit den Nazis machte, obwohl er in einem Spinozaroman »Amor Dei« das jüdische Genie von Amsterdam gefeiert hatte. Kolbenheyer, der in Solln bei München lebte (ich stand sogar einmal in Briefwechsel mit ihm), hatte in seinem satirischen Roman »Reps, die Persönlichkeit«, einen kleinen Sortimentsbuchhändler geschildert, der in dem Bestreben, eine Persönlichkeit zu werden, zur Karikatur verkam.

Es ist tragisch, daß Kolbenheyer mit dieser Hellsicht dem »Führer« gegenüber völlig versagt hat.

Im jüdischen Raum begegnete mir das, was eine Persönlichkeit ausmacht, in zweifacher Gestalt: in Martin Buber und Vladimir Jabotinsky. Weder Buberianer noch Revisionisten haben das verziehen, und doch war es so. Grundverschieden in Herkunft und Ausrichtung, in Zielsetzung und Aktion, erscheinen sie mir dennoch bis heute vereint im »Kampf um

Israel«, wie Buber die Sammlung seiner Reden und Schriften (1921–1932) nannte.

Noch bevor ich Buber gesehen, gehört und erlebt hatte, war er mir vor allem durch seine Chassidischen Bücher nahegekommen. Unter asketischer Vermeidung von Folklore, Kitsch und Schmalz schilderte er die Chassidim, die ostjüdischen Pietisten des 18. Jahrhunderts, vor allem ihre weltverbundene Frömmigkeit.

Den ersten Teil seiner Chassidischen Bücher hatte Buber im Sommer 1906 in Florenz abgeschlossen und dem Rabbi Nachman von Brazlaw gewidmet, einem jüdischen Mystiker und Urenkel des Stifters des Chassidismus, Rabbi Israel Baal-Schem-Tov. Rabbi Nachman lebte von 1771 bis 1810 und unternahm in seinen letzten Lebensjahren eine Reise in das Land Israel, die zu einer ersten Ansiedlung seiner Jünger in Palästina führte.

Das brachte mich auf den Gedanken, mit einem der polnischen Delegierten auf der Revisionistischen Weltkonferenz in Wien über die Möglichkeit der Aktivierung der Chassidim für den Zionismus, ja für den Revisionismus zu sprechen. Der sehr elegant wirkende Delegierte, ein Anwalt aus Warschau, wehrte in seinem köstlichen Deutsch entsetzt ab: »Religiös total verblödet.«

Mir brach eine Welt zusammen, aber Jahrzehnte später ist mir klar geworden, daß dieser Mann, allerdings äußerst apodiktisch, von einer degenerierten Realität redete, während ich – ein reiner Tor – von einer literarischen Fiktion ausging.

Damals war mir noch unbekannt, daß die Chassidim des 20. Jahrhunderts den Zionismus schroff ablehnten und sich der jüdisch-orthodoxen Weltorganisation »Agudath Israel« annäherten, die im Zionismus Ketzerei und Rebellion gegen den Willen Gottes witterten.

Das hatte tragische Folgen. Chassidische Rabbis in Polen und Ungarn rieten noch zur Zeit der Naziherrschaft von der Flucht nach Palästina ab und führten so in blindem Fanatismus Hunderttausende ihrer Anhänger in das Martyrium.

Einige dieser Rabbis konnten sich selbst noch retten. Wenige verblieben in Israel. Sie zogen es zumeist vor, nach Amerika weiterzuwandern. Jabotinsky aber begann, sofort nach der Machtergreifung Hitlers, seine vergebliche »Missionsreise« durch Polen. Er forderte die polnischen Juden dringend auf, unter allen Umständen das Land zu verlassen und in einer mächtigen Massenbewegung die Einwanderung nach Palästina zu erzwingen, da die europäische Diaspora zum Untergang verurteilt sei. Man hörte nicht auf ihn. Auch die offizielle zionistische Führung blieb zurückhaltend, denn sie wollte es nicht zum Bruch mit der britischen Mandatsverwaltung kommen lassen. Sie betrieb eine sogenannte Realpolitik der Infiltration, die demonstrativen Aktionen abhold war.

Ich selbst war von der Aussichtslosigkeit oder Zukunftslosigkeit des deutschen Judentums tief überzeugt. Ich konzipierte 1932 einen Plan zur geordneten Auswanderung der Juden Deutschlands nach Palästina. Die Voraussetzung hierfür war die Anerkennung der Juden in Deutschland als nationale Minderheit mit allen Rechten, die einer solchen zustanden.
Das Deutsche Reich, so verlangte ich, sollte im Völkerbund gegen die britische Mandatspolitik auftreten, die eine Masseneinwanderung in Palästina drosselte.
Ich stellte mir vor, daß Todfeinde – in diesem Falle Nazis und Juden – in einer gemeinsamen Aktion zur geschlossenen Auswanderung der Juden aus Deutschland nach Palästina vereint werden könnten.
Diese Konzeption fand den Beifall eines Redakteurs des »Völkischen Beobachters«, Wolf Braumüller, mit dem ich lange Diskussionen im Schwabinger Künstlerlokal »Brennessel« führte.
Braumüller wollte mein Manuskript über Alfred Rosenberg an Hitler weiterleiten, anschließend sollte dann eine Aussprache mit mir stattfinden. Unser Plan scheiterte aber, als Rosenberg durch Braumüller bei mir anfragen ließ, welche Organisatio-

nen des deutschen Judentums oder des Weltjudentums hinter mir stünden.

Ich mußte eingestehen, daß ich ein Einzelgänger war...

Das offizielle Blatt des Zionismus in Deutschland, die »Jüdische Rundschau«, lehnte die Veröffentlichung meines Artikels ab, da er weit über das hinausging, was man in der Meineckestraße in Berlin, dem Zentrum der »Zionistischen Vereinigung für Deutschland«, anstrebte.

Man hielt dort eigentlich immer noch an einer Resolution des Posener Delegiertentages fest, die bereits vor dem Ersten Weltkrieg gefaßt worden war und in der von einer »Aufnahme Palästinas in das Lebensprogramm jedes Zionisten« die Rede war. Mehr nicht. An eine geschlossene, kollektive Auswanderung dachte damals, leider, noch niemand.

Im Lesesaal der Universität fand ich aber eine Zeitschrift des Verbandes der nationalen Minderheiten in Deutschland, die ein baltischer Baron unter dem Titel »Kulturwehr« herausgab. An diese Zeitschrift sandte ich meinen Aufsatz und dort erschien er als Leitartikel. Ich kann nicht sagen, daß diese Publikation keine Wirkung hatte, denn der Sekretär des »Centralvereins deutscher Staatsbürger jüdischen Glaubens« in München, Dr. Werner Cahnmann, zitierte mich zu einer Aussprache in seine Amtsräume und begann: »Wenn ich Polizeigewalt hätte, ließe ich Sie einsperren...«

Er hatte diese Gewalt zum Glück nicht, aber die Parteigenossen meines Gesprächspartners Braumüller sollten etwa ein Jahr später diese Gewalt haben und sie machten, auch mir gegenüber, mehrmals davon Gebrauch. Ich will hier nicht vorgreifen, denn die Ereignisse des Unheiljahres 1933, in welchem sich uns der Himmel verfinsterte, das Menschengesicht verstellt wurde, muß in dieser Rückschau seinen eigenen Platz einnehmen.

Noch aber war es nicht so weit, noch war uns eine Atempause vergönnt, die zu wenig genutzt wurde.

Ich kehrte ebenso bereichert wie verunsichert aus Wien

zurück. Einerseits war und blieb es mir klar, daß allein die zionistisch-politische Zielsetzung des Revisionismus logisch, ehrlich und kompromißlos der Zukunft des jüdischen Volkes diente. Andererseits hatte ich in dem persönlichen Kontakt mit Delegierten aus vielen Ländern auf der Wiener Konferenz gespürt, daß ich in anderen Bereichen keine gemeinsame Sprache mit ihnen finden konnte. Die Vertiefung des jüdischen Lebensgefühls im Sinne Bubers blieb diesen Kreisen fremd – und so blieben sie mir fremd.

Übrigens kam es auf der Konferenz zu einer für mein späteres Leben wesentlichen Verwechslung.

Im Tagungsbüro erhielt ich mehrere hebräische Briefe aus Palästina, die ich nicht lesen konnte. In einer Ecke des Raumes sah ich einen hochgewachsenen Mann in mittleren Jahren, der verwundert eine Postkarte betrachtete, auf der ich die mir vertrauten Schriftzüge meiner lieben Mutter in violetter Tinte erkannte. Ich trat auf den Mann zu und stellte mich mit meinem neugewählten hebräisch-aramäischen Namen: Ben-Chorin vor.

Doch auch er stellte sich als Ben-Chorin vor – und damit wurde manches klar. Wir hatten beide diesen Wunschnamen gewählt, der »Sohn der Freiheit« meint. Ich war auf der Konferenz bereits unter diesem Wunschnamen erschienen und meine Mutter hatte mir, unter Ben-Chorin, an das Kongreß-büro geschrieben.

Der andere Ben-Chorin kam aus Tel Aviv und so konnte ich die an ihn gerichteten Briefe nicht lesen, während er wiederum kein Deutsch verstand. Wir einigten uns dann bald auf die Hinzufügung von Vornamen. Er, der ebenfalls als Journalist und Publizist tätig war, zeichnete: Elijahu Ben-Chorin, und ich übersetzte meinen Vornamen Fritz von der Wurzel her, von Friedrich, Friedenreich, abgekürzt in Schalom (= Friede). So aber heiße ich bis heute und längst auch amtlich: Schalom Ben-Chorin.

Die Wahl meines Namens hat übrigens eine leicht komische Vorgeschichte:

Mein erstes Buch, die bereits erwähnte Legendensammlung »Die seltsame Gemeinde«, war unter meinem ursprünglichen Namen Fritz Rosenthal erschienen. Es handelte sich sicher noch um ein sehr unreifes Jugendwerk, das durch die Widmung an Buber gleichsam entschuldigt wird, denn die Beeinflussung durch Bubers Chassidische Geschichten, in Stil und Inhalt, ist unverkennbar. Jeder junge Dichter muß wohl einen Verpuppungsprozeß als Epigone durchmachen, bis er die Hüllen sprengt, um sie in eigener Gestalt zu verlassen. Nicht allen freilich gelingt diese Selbstbefreiung. Das Büchlein fand im allgemeinen wohlwollende Aufnahme. Der Heim-Verlag in Radolfszell am Bodensee verlangte einen Druckkostenzuschuß von RM 300,—, den ich natürlich aus eigener Tasche nicht leisten konnte. Das Bankhaus Feuchtwanger in München, das auch das Vermögen Thomas Manns verwaltete, schien mir die richtige Adresse, und tatsächlich gewährte mir der Chef des Hauses, Dr. Jakob Feuchtwanger, ein zinsloses Darlehen in der gewünschten Höhe. Die Bedingung war, daß ich den Betrag zurückzuzahlen hätte, wenn ich den Nobelpreis erhielte. Auf diese Bedingung konnte ich ohne weiteres eingehen.

Wenn mir auch manches ermunternde Wort zuteil wurde, so gab es doch eine Kritik, die mich schmerzte. Sie stammte aus der Feder von Dr. Esriel Carlebach und erschien im »Israelitischen Familienblatt« in Hamburg.

Carlebach zog geradezu hemmungslos gegen mich zu Felde und meinte, angesichts einer jüdischen Belletristik, wie sie Amerika und Palästina in jiddischer und hebräischer Sprache aufzuweisen habe, wäre mein Versuch besser unterblieben.

Als Achtzehnjähriger nimmt man Rezensionen schwerer als in späteren, reiferen Perioden des Lebens. Ich beschloß mich zu rächen.

Die »Rache« bestand darin, daß ich unter dem Namen Ben-Chorin Gedichte und Erzählungen, Feuilletons und Reportagen an das »Israelitische Familienblatt« sandte. Carlebach schrieb begeistert zurück, druckte meine Beiträge ab und ich wurde ein geachteter Mitarbeiter des Blattes bis zu dessen Ende nach der Kristallnacht von 1938.

Erst in Israel, als ich Dr. Carlebach, nunmehr Redakteur einer hebräischen Abendzeitung, auf einer Landestagung des Journalistenverbandes wieder traf, erzählte ich ihm, daß er mein Namenspatron geworden war.

Der Name Ben-Chorin ist aramäisch und bedeutet, wie bereits vermerkt: Sohn der Freiheit.

Die Bezeichnung Ben-Chorin kommt im Singular in den Sprüchen der Väter und im Plural in der liturgischen Einleitungsformel zur Feier der Passah-Nacht vor. Das alles war mir 1931 aber nicht bekannt.

In dem unvergeßlichen Renaissanceroman »Rëubeni, Fürst der Juden« von Max Brod, findet sich im ersten Kapitel folgender Satz: »Schlaftrunken wehrt das Kind ab. Wenn nun die schreckliche Unholdin zurückkehrte, die *Bath-Chorin*, die Tochter der Freiheit? Jeden Menschen umschlingt sie ganz fest, solange er schläft.«

Da stand sie nun also im Buche, die schreckliche, dämonische Bath-Chorin, die auch Lilith genannt wird. Ich dachte mir: wenn Bath-Chorin die Tochter der Freiheit ist, muß Ben-Chorin der Sohn der Freiheit sein, der sich dämonisch an dem Rezensenten rächen wollte.

So kam ich zu meinem Namen, sozusagen aus Wut.

Max Brod hatte die Bezeichnung Bath-Chorin von seinem Freund Georg Langer, einem hervorragenden Kenner der Kabbala, erfahren, der Werke über »Die Erotik der Kabbala« und »Das Geheimnis der Chassidim« veröffentlichte.

Ein Sohn der Freiheit, ein Ben-Chorin war geboren, und da es sich zunächst nur um ein literarisches Pseudonym handelte, schien mir ein Vorname nicht nötig. Der Begriff »Pseudonym« war aber nicht jedem Münchner Briefträger geläufig und so hatte ich, wenn die kargen Honorare des »Israelitischen Familienblatt« mit Zahlkarte bei mir einliefen, einige Schwierigkeiten, mich überzeugend zu identifizieren. Ich erklärte dem Briefträger, daß es sich hier um mein Pseudonym handele, worauf er bieder erwiderte: »Wenn das Ihr Pseudonym ist, dann soll das Fräulein selbst auf die Post kommen.« Pseudonym schien ihm ein feinerer Ausdruck für Gschpusi zu sein.

Der Name Ben-Chorin war aber auch insofern günstig, als der Name Rosenthal für einen Autor fast zu gängig war, denn Rosenthals gab es und gibt es in jeder beliebigen Menge, unter Christen wie Juden, und letztere kommen aus den verschiedensten Ländern Europas, von Bayern bis Polen.

Obwohl der Name durchaus auch bei Christen vorkommt, wurde er doch von der in Köln erscheinenden katholischen illustrierten Zeitschrift »Der Feuerreiter« als zu jüdisch empfunden. Die Redaktion schrieb mir – nach 1933 –, daß sie zwar keineswegs antisemitisch eingestellt sei, aber einen so jüdischen Namen wie Fritz Rosenthal nicht bringen könne und mir daher vorschlage, ein Pseudonym zu wählen.

Da mir jede Mimikri verhaßt war und blieb, schrieb ich – mehr ironisch – zurück, daß ich schon seit einiger Zeit das Pseudonym Ben-Chorin führe. Das katholische Blatt war mit Ben-Chorin völlig einverstanden, und so veröffentlichte ich bis Kriegsausbruch auch noch von Jerusalem aus gelegentlich Artikel im »Feuerreiter« unter dem offenbar nicht jüdisch klingenden hebräisch-aramäischen Namen Ben-Chorin.

Der Name muß sehr katholisch klingen, denn auf einen Artikel »Begegnung mit Heiligen«, in dem ich auf die Individualität sehr verschiedener Heiliger, von dem naiven Franz von Assisi bis zu dem intellektuellen Thomas von Aquin einging, erhielt ich eine Leserzuschrift: Hochwürden Herrn Pater Ben-Chorin.

Erst sechs Jahre nach meiner Namenswahl wurde Ben-Chorin amtlich legitimiert. Im Amtsblatt der britischen Administration in Palästina »The Palestine Gazette« – No. 744 vom Donnerstag den 23. Dezember 1937 – wurde auf Seite 1276 die Namensänderung von der zuständigen Behörde bekanntgegeben. Natürlich nahmen auch meine Frau und mein Sohn diesen neuen Namen an.

Ben-Chorin wurde wegen des Gleichklangs oft mit Ben-Gurion verwechselt. So erreichte mich im Mai 1953 der Brief einer Dame aus England unter folgender Adresse:»Prime Minister Schalom Ben Chorin, Jerusalem. Palestine.« In dem Schreiben dankte die Dame für mein Eintreten gegen die Hetze, der christliche Missionen in Israel zeitweilig ausgesetzt waren. Sie pries die tolerante Haltung des Ministerpräsidenten. Die Post strich den Titel »Prime Minister«, sandte den Brief zunächst an das Religionsministerium, aber schließlich landete er doch bei mir.

Ein andermal, als Eliashiv Ben-Horin zum Botschafter Israels in der Bundesrepublik Deutschland berufen wurde, gratulierte mir der Vorsitzende der Jüdischen Gemeinde in Saarbrücken in einem herzlichen Schreiben und betonte, daß es keinen geeigneteren Mann für diesen Posten gäbe als mich. Ich antwortete:»Die Botschaft hör ich wohl, jedoch mir fehlt die Beglaubigung.«

Die Verwechslung mit Elijahu Ben-Chorin, dem ich 1932 in Wien begegnet war, wiederholte sich ebenfalls. Im Jahre 1946 veröffentlichte ich in hebräischer Sprache unter dem Titel »Fünfzig Jahre Zionismus« eine Biographie des ältesten politischen Zionisten aus Deutschland, Dr. Max Bodenheimer, der vor seiner Emigration nach Holland und seiner Einwanderung in Palästina in Köln lebte, wo er mit Herzls Nachfolger, David Wolffsohn, freundschaftlich zusammenarbeitete. Bodenheimer schloß sich in späteren Jahren auch dem Revisionismus an.

Ich hatte damals die revisionistische Partei, die sich von der Zionistischen Weltorganisation separierte, bereits verlassen und versuchte in meinem Buch die historischen Fakten so objektiv wie möglich darzustellen. Das trug mir die heftige Kritik der revisionistischen Parteipresse in Palästina ein. In einem großen Artikel zitierte der empörte Rezensent Äußerungen von Ben-Chorin gegen Professor Chaim Weizmann und stellte ihm die ausgewogenen Sätze meiner Biographie gegenüber. Der Kritiker warf Ben-Chorin vor, seine Überzeugungen um das Linsengericht einer Subvention durch die »Jewish Agency« verkauft zu haben. Es entging ihm dabei allerdings eine Kleinigkeit – daß er nämlich Sätze von Elijahu Ben-Chorin gegen solche von Schalom Ben-Chorin ausspielte.

Die Wahl hebräischer Namen wird in Israel erleichtert und gefördert. Der hebräische Name trägt zur Integration im neuen Lande bei, hat aber den Nachteil, daß die Kontinuität der Generationen und der Familie unterbrochen wird, der Stammbaum sozusagen keine erkennbaren neuen Triebe mehr ansetzt.

Besonders problematisch werden neue hebräische Namen, wenn Brüder oder Väter und Söhne sie nicht gemeinsam wählen, was häufig der Fall ist.

Ich selbst habe die Freude, nun die Ben-Chorins (eigentlich müßte der Plural lauten Benej-Chorin) bereits in dritter Generation zu sehen, wobei mir die unbestrittene Rolle des Urvaters zukommt. Nur wenige meiner Mitbürger in Israel haben sich bereits in der Diaspora einen hebräischen Namen gewählt. Viele wurden erst durch ein öffentliches Amt zu diesem Schritt und Schnitt bewogen.

Die Phantasielosigkeit meiner Mitbürger witterte in meinem hebräischen Namen einen ursprünglichen Herrn Freimann, vermuteten also eine mehr oder minder wörtliche Übersetzung. Ich pflegte dann einfach auf die liturgische Formel der Passah-Nacht hinzuweisen: »Dieses Jahr hier – das kommende Jahr im Lande Israel. Dieses Jahr Knechte – das kommende Jahr Söhne der Freiheit, Benej-Chorin.« Und ergänzend füge ich hinzu: »Ich kam in das Land Israel und wurde ein Sohn der Freiheit, ein Ben-Chorin.«

Das ist sozusagen die abgekürzte, offizielle Version, aber nun drängte es mich doch einmal, die weniger patriotische und poetische Wahrheit zu bekennen: Mein Name wurde aus einer literarischen Fehde geboren. Es ist zu umständlich, diese ganze Geschichte jedem Frager – und ihrer ist Legion – zu erzählen.

Hier aber wurde, nach über vierzig Jahren, die wahre Genesis dieses Namens enthüllt.

Ist Name nur Schall und Rauch?

Goethes Faust spricht diese geflügelten Worte in der Gartenszene zu Gretchen, die ihm die naive Frage stellt:

Nun sag', wie hast du's mit der Religion?

Faust antwortet ebenso schön wie ausweichend mit einem Bekenntnis der Skepsis, das wie eine Arie beginnt:

Mißhör' mich nicht, du holdes Angesicht!

und endet:

... Gefühl ist alles;
Name ist Schall und Rauch,
Umnebelnd Himmelsglut.

Margarete mißhört nicht und antwortet bieder:

Das ist alles recht schön und gut;
Ungefähr sagt das der Pfarrer auch,
Nur mit ein bißchen andern Worten.

Das naive Gretchen spürt den Unterschied in der unverbindlichen Formulierung Faustens, der (das darf man nicht vergessen) bereits im Bunde mit Mephisto steht, und dem Bekenntnis des Glaubens.

Der Büchmann-Deutsche, der Bildungsphilister des 19. Jahrhunderts, hat das nie bemerkt und so wurde »Name ist Schall und Rauch« zur millionenfach wiederholten Halbwahrheit.

Name ist nicht Schall und Rauch. Hier im »Faust« ist zwar vom Namen Gottes die Rede, der bestimmt nicht Schall und Rauch ist, sondern im Sinne der Bibel heilige Wesenheit, mystische Rune, vielleicht sogar magische Beschwörungsformel.

Aber auch der Name des Menschen ist, von der Bibel her gesehen, sein Wesen, seine Sendung, sein Schicksal.

Die Helden der Bibel ändern ihre Namen zu Beginn ihres Auftrags: aus Abram wird Abraham, aus Jakob wird Israel, aus Sarai wird Sara, aus Josua wird Jehoschua in der Sukzession der Volksführung. Andere biblische Gestalten erhalten ihre Namen im Zusammenhang mit einer bestimmten Situa-

73

tion ihres Ursprungs. Jizchak (Isaak) ist der Lachende, Mose der aus dem Wasser Gezogene, und auch im Neuen Testament spielt die Namensmystik eine entscheidende Rolle. Nach dem Matthäusevangelium verkündigt ein Engel im Traume dem Joseph, daß der Sohn seiner Verlobten den Namen Jeschua tragen solle, denn er wird sein Volk selig machen von seinen Sünden. Nach dem Lukasevangelium spricht der Engel die Worte zu Maria selbst. Auf jeden Fall ist in allen diesen Erzählungen des Alten und Neuen Testaments der Name nicht Schall und Rauch, sondern schicksalsträchtige Formel.

Man kann vom modernen Menschen keine archaischen Denkformen erwarten, aber eine gewisse Erinnerung an die Ursprünge sollten wir nicht bagatellisieren.

Die Namen, die wir erben, sind unserer Sinngebung entzogen. Die Vornamen, die man uns in die Wiege legt, sind das Geschenk unserer Eltern oder anderer Angehöriger. (Ich erhielt den Vornamen Fritz mit einem weiteren Zunamen Franz — weil meine Schwester Jeanny eine Lieblingspuppe Fritzerl-Franzerl hatte; aus keinem sehr tiefgründigen Anlaß also.) Aber die Namen, die wir selbst wählen, sollten mit Sinn und Wunsch, mit Ziel und Richtung gefüllt sein.

Sie sind es nicht. Gerade in Israel, wo das Umnennen zur Mode wurde, hat man entweder übersetzt, verkürzt oder eine phonetische Angleichung gesucht; selten aber wurde ein Wunschname gewählt.

Mich führte bei der Wahl meines Namens jene Hand, die ich so oft in meinem Leben spürte: Schalom meint Friede und Ben-Chorin Sohn der Freiheit. Gehören sie nicht zusammen, der Friede und die Freiheit, sind sie nicht das Ziel, das sich unsere Existenz setzt? Ich bin dankbar, daß Fügung und Verkettung mir zu einem Namen verhalfen, dessen wahren Sinn ich selbst erst nachträglich erkannte.

III

»Jugend ist ein Verbrechen, das mit bis zu neun Jahren Gymnasium bestraft werden kann...« Dieses Wahrwort verdanke ich dem Münchner Dichter Ernst Penzoldt, mit dem mich eine bewundernd-ehrfurchtsvolle Beziehung verband. Seine 1929 in Reclams Universalbibliothek erschienene Novelle »Etienne und Luise«, in welcher der tyrannische Turnlehrer Loch geschildert wird, wirkte auf mich (und nicht nur auf mich) wie eine Befreiung. Hier wagte ein Dichter den deutschen Pauker so zu schildern, wie ihn unsere Generation erlebte und erlitt.

Durch diese Erzählung bekam Ernst Penzoldt einen Beleidigungsprozeß an den Hals und mußte in einer Neufassung aus dem Loch einen Achatius machen.

Penzoldt war der vielseitig begabteste Mensch, dem ich in meinem Leben begegnet bin. Er war Epiker, Dramatiker und Lyriker, Graphiker, Maler und Bildhauer und ein konzertreifer Cellist noch dazu. Er war aber vor allem etwas, was in Deutschland so überaus selten blieb — ein großer Humorist. Sein Roman »Die Powenzbande«, den er »Zoologie einer Familie« nannte, ist eine der wenigen wahrhaft heiteren Erzählungen der modernen deutschen Literatur.

In Penzoldts Atelier an der Dietlindenstraße hatte er Vater Powenz und seine Söhne in Gips modelliert und bunt bemalt. Eine Münchner Buchhandlung an der Maximilianstraße zeigte diese Gruppe einmal im Schaufenster, aber nur in Penzoldts eigener Werkstatt konnte man auch die diversen Studien und Stadien bewundern.

Auf der Bühne war es vor allem »Die portugalesische

Schlacht«, die Penzoldt, nach der Premiere im Residenztheater, zu einem wirklichen Durchbruch verhalf.

Es waren immer die seltsamen Jünglingsgestalten, die Phantasie und Schöpferkraft Penzoldts beflügelten, vom »Armen Chatterton« bis zum »Kleinen Erdenwurm«. Diese Faszination hat in seiner frühen Gedichtsammlung von 1922 »Der Gefährte« wunderbaren Ausdruck gefunden. Sie hebt mit den Zeilen an:

Die einst als Knaben Gottes Antlitz kannten
In ihren Augen haftet noch sein Licht.

Und das zweite Gedicht bekennt:

Als Knabe wußte ich, wie Gott aussah
Und spielte in Ihm, fürchtete mich nicht
Von allen Bergen wallten seine Haare
Wenn er die Lider senkte wurde Nacht.

Penzoldt hatte das kostbar ausgestattete Bändchen mit einem Titelkupfer versehen, das Tobias mit Fisch und Hündchen in Begleitung des Engels zeigte, und sein Schwager, der Verleger Ernst Heimeran, gab die Verse als erste Veröffentlichung der Werke von Ernst Penzoldt heraus. (Als Zeichner und Maler nannte sich Penzoldt auch gern Fritz Fliege.)

Die als Strafvollzug bezeichneten Schuljahre hatte Penzoldt in Erlangen durchlitten. Nicht einmal im Zeichnen bekam er eine gute Note, da es ihm nie gelingen wollte, die Natur zu kopieren, sondern von den Bildern seiner Phantasie beflügelt, warf er die inneren Gesichte aufs Papier. Eine gute alte Dame aber sagte voll Mitgefühl: »Ach, die armen Eltern Penzoldt, ein Sohn soll ja Künstler geworden sein.« Er war wirklich aus der Art geschlagen. Sein Vater, Geheimrat Professor Franz Penzoldt, zählte zu den berühmtesten Medizinern seiner Zeit. Eine herrliche Plastik von Ernst Penzoldt hat das Antlitz dieses großen Arztes bewahrt.

Auch in Penzoldts Jugendwerk »Der arme Chatterton« kommt das Mitleid der alten Dame in Form des Verdachts zum Ausdruck: »Dichten, Thomas, du wirst doch nicht ... das wäre Sünde.«

Daß der Künstler dem Bürger verdächtig ist, daß seinem prometheischen Wirken Rebellion gegen den Schöpfer durch Konkurrenz anhaftet, war – eine Generation früher – bereits Thomas Mann zum Jugenderlebnis geworden. Die Gestalt des Tonio Kröger wird von diesem Erlebnis her geprägt und bis ins Alterswerk »Doktor Faustus« rang Thomas Mann um die Rehabilitierung des Künstlers.

Ein Künstler, ein Dichter oder Schriftsteller, wird seiner Umwelt wohl meist erst – frühestens – in Jünglingsjahren sichtbar, aber er lebt, verborgen, verpuppt, bereits im Kinde. Wenn in jedem Manne, nach dem bekannten Worte Nietzsches, ein Kind lebt, das spielen will, so lebte der Künstler bereits im Kinde, das schaffen will. Für das schöpferische Kind aber ist die Schule ein Gefängnis.

Muß sie es sein? Das ist die Frage, die heute so viele Pädagogen beschäftigt, die eine befreite Schule anstreben, genauer gesagt: eine Befreiung des Schülers.

Während meiner Schulzeit konnte davon noch keine Rede sein. Mit letzter schonungsloser Deutlichkeit umriß unser Lehrer für Handelskunde an der Luitpold-Kreis-Oberrealschule, Studienrat Pfander, die Situation:»Die Schule ist ein Kampf zwischen zwei ungleichen Partnern, dessen Ausgang von vorneherein feststeht.«

Damit war gemeint, daß die Lehrer immer siegen, die Klasse aber immer unterliegt: es war ein aussichtsloser »Klassenkampf«.

Dieser begnadete Pädagoge zeichnete sich durch besondere Ehrlichkeit aus. Zu Beginn des Schuljahres erklärte er:»Ob ihr lernt oder nicht lernt, ist mir völlig gleichgültig. Ich bekomme mein Gehalt so oder so.«

Aber ich greife vor. Die Bestrafung der Jugend begann ja nicht erst beim Eintritt in die Mittelschule, sondern schon während der vier Volksschuljahre, die der »höheren Bestrafung« vorausgingen.

Bei mir zogen sich diese obligatorischen vier Vorschulklassen fünf Jahre hin, nicht etwa weil ich bereits im frühen Kindesalter so eklatant versagt hätte, sitzen zu bleiben, sondern weil ich in der vierten Volksschulklasse eine ganz unerwartete Filmkarriere einschlug, die es ratsam erscheinen ließ, ihr noch ein zusätzliches, eben mein fünftes Volksschuljahr, auf dem Altar der Kunst zu opfern. Ich habe meine Filmkarriere Charlie Chaplin, genauer gesagt seinem jugendlichen Partner Jackie Coogan, zu verdanken. Im Jahre 1921 entstand der unvergeßliche Film »The Kid«, der den ewigen Landstreicher Charlie in Gesellschaft eines rührenden kleinen Jungen zeigte, der zerlumpt und verhungert das Mitleid und zugleich die Begeisterung der Welt erregte.

Der Film kam zu uns erst im Jahre 1923, jedenfalls sah ich ihn zu Ende dieses Jahres; es war dies einer der wenigen Filme, die für Kinder über sechs Jahre freigegeben wurden. Ich war so erschüttert und hingerissen, wie man nur als Kind sein kann, aber gleichzeitig setzte sich in mir der Gedanke fest: das kann ich auch.

Jackie Coogan konnte lachen und weinen, betteln und schmeicheln, heißhungrig seine karge Mahlzeit verschlingen und sich listig in den Besitz eines halben Dollars setzen. Das alles traute ich mir auch zu. Es fehlte nur der Charlie Chaplin, der mich entdecken sollte.

Ich half dem Geschick nach. Ein weiterer Film hatte mich, wenn auch ganz anders, beeindruckt – er hieß »Die Leuchte Asiens« und schilderte das Leben des Gotama Buddha. Der Regisseur hieß Franz Osten. Der Film war von der Emelka in München hergestellt.

Da ich an Chaplin nicht schreiben konnte, begnügte ich mich mit Franz Osten. Im Telefonbuch hatte ich entdeckt, daß die Emelka ihr Büro an der Sonnenstraße hatte, und heimlich ging ein Brief an den Filmgewaltigen ab.

In knappen dürren Worten erzählte ich – in Schrift und Orthographie des Zehnjährigen – daß ich Jackie Coogan in »The Kid« gesehen hätte und fest überzeugt sei, mindestens ebenso gut wie er zu sein.

Etwa zwei Wochen später traf tatsächlich ein Brief der Emelka-Filmgesellschaft ein, adressiert an Herrn Fritz Rosenthal, Oettingenstraße 23/I links. Zum Glück konnte ich ihn abfangen, noch ehe ihn meine Familie, die von meinen Ambitionen nichts ahnte, zu Gesicht bekam.

Die Sekretärin des Regisseurs Franz Osten lud mich ein, an einem Vormittag um zehn Uhr im Büro der Emelka vorzusprechen und Proben meiner Kunst abzulegen.

Ich sah mich bereits auf der Schwelle des internationalen Ruhmes, denn von meinem mimischen Talent war ich zutiefst überzeugt, aber es ergab sich das Problem, unbemerkt dem Schulunterricht fernzubleiben.

So blieb mir nichts anderes übrig, als meine sechs Jahre ältere Schwester Jeanny in mein Geheimnis einzuweihen und zur Verbündeten zu machen. Sie schrieb einen Entschuldigungsbrief für die Schule, attestierte mir eine leichte Grippe und setzte den Namenszug unserer ahnungslosen Mutter darunter.

Am Schicksalstag verließ ich wie immer um halb acht Uhr das Haus, drückte mich dann zwei Stunden herum, erschien kurz vor zehn Uhr in dem rötlichen Sandsteinbau der Emelka, zeigte meinen Einladungsbrief vor und deponierte bei der erstaunten Sekretärin meinen Schulranzen.

Regisseur Osten, in meiner Erinnerung ein alter Mann mit kurzgeschorenem weißem Haar, empfing mich in einem riesigen Arbeitsraum hinter einem gewaltigen Schreibtisch. (So sieht das alles nach einem halben Jahrhundert aus; in Wirklichkeit wird es wohl weniger monumental ausgesehen haben.) Der Regisseur ließ mich gehen, stehen, sitzen. Ich mußte lachen und weinen, nur sprechen mußte ich nicht, kein Wort, denn es war die Zeit des Stummfilms, in der die Stimme, die Sprechtechnik beim Film noch keine Rolle spielte.

Der Regisseur blieb stumm wie seine Filme und unbewegt wie seine Gestalt, der Buddha.

Franz Osten (der offenbar nur mit Künstlernamen Osten hieß) thronte hinter seinem Schreibtisch und winkte leicht mit der rechten Hand. Ich war entlassen.

Die Sekretärin aber sagte mir: »Du wirst noch von uns hören.«

Sie hatte nicht gelogen. Schon wenige Tage später kam die Einladung, ich sollte mich in der Filmstadt Geiselgasteig einfinden, um meine Rolle zu übernehmen. Sie war nicht gewaltig, aber für mich die schönste aller Rollen, denn ich wurde nach dem Vorbilde Charlie Chaplins kostümiert: Der Atelierschneider maß mir einen zu weiten Cutaway an, setzte mir eine Melone auf den Lockenkopf und steckte mich in viel zu große Schuhe. In dieser Verkleidung mußte ich watscheln und auf steife Manschetten Notizen kritzeln.

Der Film, in dem ich mitwirkte, war der Kriminalknüller »Die Perlen des Doktor Talmadge« und gehörte zu der schier endlosen Serie der Sherlock-Holmes-Filme, deren Helden der Schauspieler Ernst Reichert war. Erst der Tonfilm sollte dieser Reihe ein Ende setzen, denn Reichert war schwerhörig und hätte in einem Sprechfilm nie als der Detektiv auftreten können, dem kein Wort, kein Geräusch entgeht. Der Tonfilm bereitete ihm, und nicht nur ihm allein, einen tragischen Abgang.

Ich war also Filmschauspieler, und war ich eigentlich auch nicht viel mehr als ein Statist, so bezog ich doch die königliche Gage von zehn Mark pro Tag.

Das war damals, unmittelbar nach der Inflation, sehr viel Geld. Wir schrieben das Jahr 1924. Mein Vater war 54jährig im März dieses Jahres gestorben. Inflation und Krankheit hatten die an sich sehr geringen Vermögensreserven aufgezehrt. Meine Mutter, als Witwe eines kleinen selbständigen Kaufmanns (mein Vater war Handelsreisender), hatte überdies keine Pension zu erwarten. Sie versuchte sich und ihre zwei Kinder durch einen bescheidenen Seifenhandel, hauptsächlich im Bekanntenkreise, über Wasser zu halten. Meine Schwester begann bereits als Stenotypistin in der Anwaltskanzlei von Dr. Sigbert Feuchtwanger, einem Cousin des Schriftstellers Lion Feuchtwanger, zum Unterhalt der Familie beizutragen. Es war selbstverständlich, daß auch ich meine Gage abgeben wollte, aber dazu mußte die Mutter erst eingeweiht werden, und so gestand ich also, daß ich auf dem sicheren Wege sei, ein Filmstar zu werden. Meine Mutter nahm diese Mitteilung mit einiger Verwunderung auf, aber mein erstes selbstverdientes Geld bewog sie doch dazu, meinen Entschluß ernst zu nehmen und einem fünften Volksschuljahr zuzustimmen, da ich in der Mittelschule ja nicht wöchentlich ein- bis zweimal fehlen konnte.

Meine gute Mutter war ohnedies daran gewöhnt, daß ich sie gerne durch selbständige Entscheidungen überraschte. So war ich, ohne sie zu informieren, nach der dritten Volksschulklasse von der St.-Anna-Schule im Lehel in die Gebele-Schule nach Bogenhausen gewechselt. Der Grund war ein aromatischer: in dem alten Gemäuer der St.-Anna-Schule stank es modrig, und der Lehrer, der häufig vom spanischen Rohrstock Gebrauch machte, atmete obendrein einen unangenehmen Bierdunst aus.

Als die Schule wegen Überfüllung entlastet werden sollte, schlug man eine teilweise Umschulung in die neuere Gebele-Schule vor. Ich sah mir das Schulhaus an, das mir gleich besser gefiel, und auch der neue Lehrer, ein jüngerer Mann und Kriegsinvalide, machte mir einen sehr guten Eindruck.

In meiner alten Schule teilte ich dann mit, daß die »Erziehungsberechtigten« mit meiner Umschulung einverstanden seien. Die Sache hatte nur einen Haken: die Gebele-Schule lag weiter entfernt von unserer Wohnung, und ich mußte täglich mit der Trambahn fahren, ohne das dafür nötige Fahrgeld zu besitzen. Es gelang mir, mich mit dem immer gleichen Trambahnschaffner in munteren Gesprächen anzufreunden. Er setzte stillschweigend voraus, daß ich eine Schülerkarte hätte, aber als ihn einmal ein Kollege ersetzte, der meinen Ausweis forderte, war ich entlarvt. Ich stotterte etwas von vergessener Karte, verließ fluchtartig das munizipale Gefährt und kam zu spät zur Schule. Nun mußte ich der Mutter das Geheimnis anvertrauen.

Das zweite »brennende Geheimnis« (um mit Stefan Zweig zu

sprechen) war nun die Eröffnung meiner Filmlaufbahn, deren Ergebnis ich übrigens erst viele Jahre später in einem obskuren Vorstadtkino besichtigen konnte. Der Film »Die Perlen des Dr. Talmadge« war nämlich für Jugendliche verboten, so daß ich erst nach etwa acht Jahren den inzwischen nicht mehr nur flimmernden, sondern bereits verregneten Streifen sehen durfte. Es war eine Enttäuschung, denn ich merkte, daß dieser Film das war, was man in München einen »aufgelegten Schmarrn« nannte. Mein eigener Anteil war episodär, wahrscheinlich auch zum Teil der Schere anheimgefallen, welche die alte Kopie zurechtgestutzt hatte.

Und doch war es unheimlich, dem eigenen Knabengesicht zu begegnen, wie es lacht und weint, vor allem aber mit angespannten Zügen den Unterweisungen des Meisterdetektivs lauscht.

Das Fräulein an der Kasse war verwundert, als ich stürmisch darum bat, eine der im Schaukasten ausgestellten Photographien zu erwerben. Man erklärte mir, daß diese Kostbarkeiten nicht dem Kino, sondern der Filmgesellschaft gehörten, überließ mir dann aber gratis eines der Bilder, auf welchem ich in Gesellschaft von drei anderen Knaben zu sehen war, die ebenfalls dem großen Sherlock Holmes assistierten. Ich war mit Abstand der kleinste, geradezu winzig, und war auch noch wesentlich jünger als die anderen, deren Züge bereits eine gewisse Lebenserfahrung aufweisen.

Für den Knaben war die Begegnung mit der Welt des Films ebenso traumhaft wie ernüchternd. Im Vergleich zur Traumfabrik Hollywood war Geiselgasteig nur ein kleiner Filialbetrieb, aber das Prinzip blieb sich doch gleich. Ich sah die Fassaden von Dörfern und Palästen, hinter denen das waltete, was Heidegger — obzwar in anderem Zusammenhang — »das Nichten des Nichts« nennt. Ich sah die Helden atemberaubender Abenteuer in völlig unheldischer Pose in der Kantine beim Bier, und nicht einmal der damals auf der Höhe seines Ruhmes und der Dachgesimse stehende Fassadenkletterer Harry Piel war eine Ausnahme. Und die weiblichen Schönheiten des Stummfilms, die alle wie Henny Porten aussehen wollten! Begegnete man ihnen außerhalb der Kulissen und waren sie gar abgeschminkt, so wirkten sie oft wie ältere Statuen unter der Hand des Restaurators.

Die Verfremdung des eigenen Gesichtes – mehlweiß gepudert, mit blauschwarzen Ringen um die Augen, einem knallroten Mund und mit Kohlestift nachgezogenen Brauen – ließ mein Kinderherz erschauern. Unbewußt stellte sich mir vor den großen Spiegel der Filmgarderobe zum ersten Male die Frage nach der eigenen Identität: Wer bin ich?

Die Frage von Geiselgasteig begleitete mich auf meinem weiteren Wege nach Jerusalem, sie ließ mich nie mehr los und wird mir wie mein Schatten bis in das Reich der Schatten folgen.

In Deutschland zitiert man gern den alten Armeevers:
       Denn die Hälfte seines Lebens
       Wartet der Soldat vergebens...
Das gilt für alle Armeen, auch die Verteidigungsarmee Israels, wie ich aus eigener Erfahrung bestätigen kann. Aber das Schicksal des Soldaten ist auch das Schicksal des Statisten und Filmschauspielers. Er wartet stundenlang, um minutenlang eingesetzt zu werden, und dies in ermüdender Wiederholung der immer gleichen Szene. Dabei hat er meist keine Ahnung von »seinem« Film, seiner Handlung, seinem Aufbau. Er spricht nur wie Faust zum Augenblicke sein »Verweile doch«, ohne daß dieser Augenblick immer so schön sein müßte.

Nichts inspiriert, alles desillusioniert in dieser Organisation der Illusionen.

Das grelle Licht der Jupiterlampen ließ meine Augen tränen, Lärm und Staub des Ateliers (beim Stummfilm wurde bei der zartesten Liebesszene laut gebrüllt und gehämmert) verwirrten mich, aber ich war fest entschlossen, allen Gewalten und Widrigkeiten zu trotzen: ich wollte ein Filmkind werden.

Der Umgang mit meinen engeren Kollegen, drei Knaben im Alter von vierzehn bis sechzehn Jahren, war höchst unerfreulich. Sie waren mir, wie gesagt, weit voraus, und wenn ich auch glaube, daß dieser Vorsprung nicht unbedingt positiv zu bewerten war, verunsicherte es mich doch, wenn sie sich in Obszönitäten ergingen, die ich einfach nicht verstand, oder wenn sie mir Bier und Zigaretten anboten. Zuletzt versuchten sie mich auch noch anzupumpen, obwohl ich doch meine Gage ungemindert in die Familienkasse einlegen wollte.

Ein holder Zufall entzog mich schließlich allen Anfechtungen. Während wir uns gegenseitig natürlich mit Vornamen anredeten, wurde ich einmal unter meinem Familiennamen zur Probe gerufen. Eine Schauspielerin fragte mich, ob ich mit Justizrat Rosenthal, dem Direktor der Filmgesellschaft, verwandt sei. Obwohl ich von diesem Direktor noch nie gehört hatte, log ich frech: »Das ist mein Vater!« Meine jugendlichen Kollegen ließen mich von dieser Stunde an in Frieden.

Die Liebe zum Film durchzog meine Kindheit. Den größten Eindruck machte mir zweifellos Fritz Langs Streifen »Die Nibelungen«, mit Paul Richter in der Rolle des Siegfried und Margarete Schön als Krimhilde. Das Drehbuch stammte von Thea von Harbou. Selbst die Begleitmusik tönt mir noch heute im Ohr.

Dieses Jugenderlebnis war so nachhaltig, daß es noch Jahrzehnte später seine Auswirkung hatte. Auf meinen speziellen Wunsch ließ der Kulturattaché der Deutschen Botschaft in Tel Aviv, Dr. Limmer, Ende der sechziger Jahre die beiden Teile des Nibelungenfilms in Jerusalem aufführen.

Das Wiedersehen wurde zur Ernüchterung, denn das pathetische Spiel der zwanziger Jahre, die Mängel der Fotografie und die ungewohnt gewordene Texturierung wirkten oft lächerlich. Vor allem aber mußte ich einsehen, daß dieses Filmwerk auf meine Tochter Ariela, die nun genauso alt war wie ich damals, völlig negativ wirkte. Das Kind bat mich dringend, die Vorstellung zu verlassen, da sie sich tödlich langweile.

Ich hatte mir aus meinen Einkünften als Filmkind eine Sammlung von Postkarten angelegt, die meine berühmten Kollegen darstellten, vor allem die Helden des Nibelungenfilms. Diese Sammlung konnte ich sogar im Klassenzimmer ausstellen, als wir von der Schule aus in dieses Filmepos gehen durften. Natürlich wurden wir gründlich darauf vorbereitet, und der Text dieser Einführung begann mit den Worten:»Unsere Vorfahren, die alten Germanen...« Auch ich mußte diesen Text unverändert aufsagen, unbeschadet der Tatsache, daß die alten Germanen wohl kaum meine Vorfahren waren, doch Ausnahmen wurden nicht geduldet.

Die Einbeziehung der jüdischen Schüler in die »deutsche Volksgemeinschaft« war noch selbstverständlich, wobei die religiöse Autonomie voll respektiert wurde. Während ich das erste Schuljahr in der mild-aufgeklärten Atmosphäre der Privatschule von Fräulein Hell im Herzogpark erlebte (wobei ich nur einmal mit umgekehrter Bürste gezüchtigt wurde, da ich einem jüdischen Mitschüler handgreiflich zu nahe getreten war), besuchte ich anschließend die streng katholische St.-Anna-Schule, in welcher am Morgen das Vaterunser und am Nachmittag das Ave Maria gebetet wurde. Auch wenn die jüdischen Schüler nicht mitbeten mußten, kann ich diese Gebete bis heute auswendig. Sie haben meiner hebräischen Seele nicht geschadet. Erst viel später erkannte ich, daß das Vaterunser ohnedies von der ersten bis zur letzten Zeile ein jüdisches Gebet ist. Manchmal wurde mir freilich blitzartig klar, daß es Grenzen gab und wo sie verliefen. So erzählte uns der Lehrer, daß sich alle Kreatur bei der Kreuzigung Christi scheu versteckt habe, und daß nur der Hecht neugierig seinen Kopf aus dem Gewässer streckte, um den Sohn Gottes am Kreuze zu sehen. (Topographisch ist das angesichts des Mangels an Fischteichen in Jerusalem kaum denkbar.) Zur Strafe für diese Neugier trage der Hecht bis heute die Marterwerkzeuge Christi in Kopf und Kiemen. Ich untersuchte zuhause einen Hecht, den meine Mutter mit delikater Lebkuchensoße anzurichten pflegte, doch ich konnte nichts finden, was an Hammer und Nägel gemahnte. Als ich dem Lehrer das negative Ergebnis meines Experiments mitteilte, sagte er mit schneidender Schärfe: »Israelitische Schüler können das nicht verstehen.«

Das Dogma von der Blindheit Israels, das im elften Kapitel des Römerbriefes verankert ist, begegnete mir hier zum ersten Male.

Im katholischen Religionsunterricht, der von einem Kapuzinerpater gegeben wurde, saßen die jüdischen Schüler in den letzten Bänken, in einer Art Getto. Zwar nahmen sie nicht teil, doch sagten sie den Mitschülern aus dem aufgeschlagenen Katechismus fleißig ein. Auf diese Weise habe ich dieses Buch übrigens gründlich kennengelernt.

Die jüdischen Schüler hatten im Schulgebäude ihren eigenen Religionsunterricht, da es aber in einer bayerischen katholischen Schule kein Klassenzimmer ohne Kruzifix gab, wurden uns die Lehren des Judentums im Schatten des Kreuzes vermittelt.

Den Unterricht erteilte Kantor Mueller, ein etwas zornmütiger Mann, der mich einmal strafweise ein ganzes Kapitel aus dem Buche Josua abschreiben ließ. Vielleicht ist mir davon eine gewisse Aversion gegen dieses kriegerischste unter den Büchern des Alten Testaments verblieben.

Kantor Mueller nahm im Konzentrationslager von Dachau ein furchtbares Ende, so daß ich seiner doch nur in Wehmut gedenken kann.

Man brachte uns auch die Anfangsgründe des Hebräischen bei, aber wir lernten die Sprache eigentlich nicht, da die Methode völlig widersinnig war. Man hatte eine Fibel, in der die hebräischen Buchstaben anhand deutscher Wörter dargestellt wurden, so etwa das Punktationszeichen »Chirik« für den Vokal »I« durch das Wort Igel, der borstenreich dargestellt war.

Wer von zu Hause das Gebetbuch kannte, konnte mithalten. Ich aber erfreute mich gewissermaßen noch eines ungetrübten Heidentums, war aller judaistischen Kenntnisse bar und hatte im ersten Schuljahr am Religionsunterricht nicht teilgenommen.

Meine Mutter hätte es vorgezogen, mich in der Sittenlehre des freireligiösen Unterrichtes unterweisen zu lassen, aber das wäre nur nach dem Austritt aus der Jüdischen Gemeinde möglich gewesen. Vor einem so drastischen Schritt schreckte sie jedoch zurück.

Ich kam in unruhiger Zeit zur Schule. Es waren die Jahre des revolutionären Umbruchs. Das Ende der Monarchie und das Interregnum der Rätezeit verdüsterten den Himmel Münchens. In einem besonderen Maß waren davon die Juden der Landeshauptstadt betroffen, die als bürgerlich-konservatives Element mit Schrecken den Anteil ihrer Glaubensgenossen (die längst keine Glaubensgenossen mehr waren) an dem revolutionären Umbruch beobachteten.

An der Spitze des Rates der Arbeiter, Soldaten und Bauern in Bayern stand der aus Berlin stammende jüdische Schriftsteller Kurt Eisner, der mir noch wie eine Mischung von Wotan und Prophet Elia vor Augen steht. Mit schwarzem Schlapphut, wildem Bart und wehendem Radmantel hastete er an uns vorüber. Meine Mutter flüsterte mir zu, daß dies der gefürchtete Revolutionär Eisner sei.

Als ihm die Würde eines Ministerpräsidenten der neuen bayerischen Regierung angetragen wurde, beschwor ihn eine Delegation der Jüdischen Gemeinde unter Führung des Rabbiners Dr. Baerwald, dieses Amt nicht anzunehmen. Er schlug dieses Ansinnen selbstverständlich aus, fühlte sich als legitimer Repräsentant der Revolution und endete unter den Schüssen des Grafen Arco, der seinerseits halbjüdischer Abstammung war.

Auch ihn hatte ich gesehen, einen schlanken, besonders hübschen jungen Offizier, der die blauseidene Mütze der Flieger trug und mich auf seinem Motorrad aufsitzen ließ. (Arco verkehrte bei einer Familie, die über uns wohnte.)

Mit banger Scheu ging ich an der Stelle vorüber, an der Kieler Matrosen die Ehrenwache hielten. Hier war Eisner unter den Schüssen Arcos zusammengebrochen. Ich sah die Schreckensszene in überreizter Phatansie, konnte nicht schlafen, fürchtete mich.

Den Namen des jüdischen Dichters und Revolutionärs Ernst Toller las ich zum erstenmal unter dem Manifest »An die Bürger der Räterepublik«. Toller hatte den Mut, in diesem Manifest gegen die antisemitische Hetze offen aufzutreten, die 1919 bereits zu Pogromen aufwiegelte: »In Bayern werden Flugblätter verteilt, die in der würdelosesten und verbrecherischsten Weise die Leidenschaften der Massen gegen die Juden aufzuhetzen versuchen. Gleichzeitig hetzen bürgerliche Provokateure gegen die Juden auf den Straßen. Hinter dieser Organisation steckt eine ganz Deutschland überziehende Organisation reaktionärer Verschwörer, die die Massen zu Judenpogromen hinreißen wollen, um den Freikorps Preußens den Weg nach Bayern zu öffnen und die proletarische Revolution niederzuschlagen...«

Toller ahnte nicht, daß sein Name unter diesem Aufruf weniger überzeugend wirken mußte als der eines bayerischen Revolutionärs wie Kohlschmid, Wimmer oder Mehrer.

Auch die jüdischen revolutionären Denker Gustav Landauer und Erich Mühsam, die ihre Aufrufe an das Volk in Bayern (sie waren auch Revolutionäre der Rechtschreibung und schrieben sogar manchmal »Baiern«) richteten, waren sich ihrer Legitimität so sicher, daß sie das Problematische der Situation nicht erkannten. Sie alle bezahlten ihre Liebe zur Freiheit mit dem Leben: Landauer endete unter den Stiefeln der Soldateska in München, Mühsam wurde später in einem Konzentrationslager zu Tode gequält, Toller erhängte sich in der amerikanischen Emigration.

Es ist eine alte Erfahrung, daß niemand aus der Geschichte lernt. Das einzige, was man aus ihr lernen kann, ist die Einsicht, daß nichts aus ihr gelernt wird.

Kurt Eisner wurde am 21. Februar 1919 auf dem Wege zum Bayerischen Landtag (wo er abdanken wollte!) erschossen.

Drei Jahre später wurde der jüdische Industrielle, Philosoph und Politiker Walther Rathenau deutscher Außenminister.

War Eisner Sozialist und Revolutionär, so verkörperte Rathenau nach Herkunft und Haltung den Typus des weltoffenen Liberalen mit Bindungen an das konservativ-patriotische Lager. Die Unterschiede versanken aber im Meer des Judenhasses: »Was der Jude denkt ist einerlei...«

Am 24. Juni 1922, dreieinhalb Jahre nach dem Mord an Kurt Eisner, wurde Walther Rathenau auf der Fahrt ins Auswärtige Amt in Berlin in seinem Wagen durch Revolverschüsse niedergestreckt.

Auch Rathenau war von jüdischer Seite gewarnt worden und hatte – aus Pflichtgefühl und Ehrgeiz, aus deutschem Patriotismus und europäischem Verantwortungsgefühl – diese Warnungen abgelehnt.

Das ist um so erstaunlicher als er fünf Jahre vorher in klarer Erkenntnis, daß seine jüdische Abstammung nur hinderlich wäre, die politische Tätigkeit zunächst ablehnte. In einem Brief an die Frau des Feldmarschalls von Hindenburg schrieb Rathenau am 12. 12. 1917:

»Meine liebe und sehr verehrte gnädige Frau!
Für die Mitteilungen Ihres Tagebuchblattes bin ich Ihnen aufrichtig dankbar. Ihr Gedanke ist richtig und wird, wie ich hoffe, durchführbar sein. Freilich muß ich bitten, dabei nicht auf mich zu rechnen. Meine wirtschaftliche Tätigkeit befriedigt mich, meine literarische ist mir Lebensbedürfnis, und dazu eine dritte, die politische, zu gesellen, würde nicht nur meine Kräfte, sondern auch meine Neigungen übersteigen. Hätte ich aber die Neigung, auf politisches Gebiet mich zu begeben, so wissen Sie, verehrte gnädige Frau, daß alle äußeren Umstände dies verhindern würden. Wenn auch ich und meine Vorfahren nach besten Kräften unserem Lande gedient haben, so bin ich, wie Ihnen bekannt sein dürfte, als Jude Bürger zweiter Klasse. Ich könnte nicht politischer Beamter werden, nicht einmal in Friedenszeiten Leutnant. Durch einen Glaubenswechsel hätte ich mich der Benachteiligungen entziehen können, doch hätte ich hierdurch nach mei-

ner Überzeugung dem von den herrschenden Klassen begangenen Rechtsbruch Vorschub geleistet.

Betrüben Sie sich nicht über diese Mitteilungen, die Ihnen nichts Neues besagen. Auf dem Gebiete, auf dem ich gegenwärtig dem Lande zu dienen bestrebt bin, dem Reiche des Gedankens, gibt es keine konfessionellen Beschränkungen. In alter Verehrung der Ihre, Rathenau.«

Offenbar gab sich Rathenau der Illusion hin, daß für ihn in der Republik möglich geworden sei, was ihm das Kaiserreich vorenthalten hatte. Welch tragischer, tödlicher Irrtum!

Sicher liegt der Fall Eisner anders als der Fall Rathenau, und doch stellt sich immer wieder die Frage: Kann ein Jude als legitimer Vertreter eines anderen Volkes sich durch den Staat und seine Organe nach außen und innen unangefochtene Geltung verschaffen?

Unangefochten – nicht im politischen Sinne, denn jeder Exponent einer Partei, einer Koalition, eines bestimmten Regimes hat Gegner. Wenn sich die Gegnerschaft aber nicht auf Partei, Koalition und Regime allein erstreckt, sondern als Argument das Judentum des Repräsentanten anführt und ihm wegen seines Judentums die Legitimation abspricht, entsteht jene unlösbare Spannung, die zum politischen Mord führen kann.

Wir sagten es schon: aus der Geschichte wird nichts gelernt. Man ist in unseren siebziger Jahren davon überzeugt, daß sich nicht wiederholen kann, was sich in den zwanziger Jahren ereignet hat. Man wird viele Argumente dafür anführen, daß etwa die Situation im Nachkriegsdeutschland von 1923 in keiner Weise mit der Situation zu vergleichen ist, wie sie fünfzig Jahre später in den Vereinigten Staaten von Amerika anzutreffen ist.

Das mag alles zutreffen, aber durch alle Wandlungen hindurch blieb und bleibt die Judenfrage eine offene Frage.

Ich schreibe diesen Satz nicht im Hochgefühl borniert Rechthaberei nieder, sondern aus der leidvollen Erfahrung eines Lebens, das mich lehrte, daß diese Frage noch immer unbeantwortet ist. Meinte ich in der Jugend, im Zionismus die eindeutige Antwort auf diese Frage gefunden zu haben, so ist auch diese Sicherheit im Laufe der Jahrzehnte gewichen. Der Zionismus wollte die Antwort auf die Judenfrage geben, aber er transferierte die Frage von Europa nach dem Nahen Osten, von der Frage einer Minorität in diversen Staaten, zur Frage einer Minorität in einem (arabischen) Staatenblock, von einer Rassenfrage zu einer nationalen Frage (unter Angehörigen derselben semitischen Rasse, soweit es eine solche eindeutig gibt), von einer vordergründig religiösen zu einer hintergründig religiös mit-denomierten Frage. Die Formen des Judenhasses wandeln sich, aber der Haß bleibt. Die Judenfrage bleibt offen wie eine klaffende Wunde, und sie beunruhigt die Betroffenen und die Welt. Aus der Tiefe wird das Problem ganz deutlich sichtbar; die Höhen des Erfolges aber verhüllen offenbar das Problem wie mit einer Nebeldecke, so daß es die Scharfsinnigsten und Scharfsichtigsten am wenigsten sehen.

Aber ich greife vor. Die Erinnerung an die Ereignisse revolutionärer Jahre lassen das Schicksal des Knaben so unbedeutend erscheinen, daß es im Strudel der Ereignisse verschwindet. Irgendwo am Rande des Geschehens aber steht der kleine Junge an der Hand der Mutter in der Ludwigstraße und sieht verwundert die Heimkehr des geschlagenen Heeres. So ziehen sie zu Fuß oder auf verrotteten Wagen und auf den Lafetten geborstener Geschütze in lässiger, völlig unmilitärischer Haltung im Novembernebel durch mein Gedächtnis.

Welch ein Widersinn. Sie ziehen von Siegesstation zu Siegesstation, von der Feldherrnhalle zum Siegestor, das jetzt zum Tor der Besiegten wird.

Der kleine Junge am Randstein hat dieses traurige Schauspiel, das seiner Mutter die Tränen in die Augen treibt, aufmerksam verfolgt und sicher nicht erkannt. Aber ein anderer, ähnlicher Gegensatz drängte sich ihm auf, senkte das Saatkorn des Mißtrauens in seine Seele.
Der Knabe hatte ein Bilderbuch, das ihm lieber war als alle

anderen Bücher. Es hieß »Hans, der Sieger« und schilderte die ununterbrochenen Siege des deutschen Heeres von Lüttich und Namur und dazu noch geträumte Siege in aller Welt. Das schöne Bilderbuch endete mit dem Vers:
Heimwärts zieht das deutsche Heer
Ruhmgeschmückt ist seine Wehr.
Das Bild zeigte eine deutsche Marschkolonne in der vorbildlichen Ordnung einer Kaiserparade. Jeder Landser hatte eine Rose am geschulterten Gewehr.
So sah es im Bilderbuch aus. Und wie anders jetzt, im Nebel der Ludwigstraße.
Ich sagte niemandem etwas, aber ich warf das Bilderbuch damals weg. Schweren Herzens. Ich kann bis heute keine Bücher wegwerfen, aber von diesem Buch trennte ich mich in einem Akt enttäuschter Liebe.
Wir spielten von da an auch nicht mehr Feldherrn- und Heldenquartett. Die Bilder der stolz uniformierten Generäle, Admiräle und Frontoffiziere hatten ihren Glanz verloren.
Durch die Straßen der Stadt knatterten Schüsse. Mein Vater wurde für die Einwohnerwehr rekrutiert und bewachte eine Brücke bei Bogenhausen, wohin ich ihm manchmal das Essen bringen durfte, denn die Einwohnerwehr mußte sich selbst verköstigen.
In der Schule, die für mich zuständig war, lagen noch Truppen, so daß als Ausweg eine Privatschule gewählt wurde. Es war keine gute Zeit für den Schulbeginn. Der experimentelle Geschichtsunterricht der Gegenwart war zu massiv.
Die deutsche Schule war auf einem Fundament errichtet, das es nun nicht mehr gab. Die Schule nahm das nicht zur Kenntnis. Das Leben rächte sich und nahm die Schule nicht zur Kenntnis.
Wie weit die bayerische Schule die veränderte Wirklichkeit boykottierte, war noch viele Jahre später ganz deutlich sichtbar. Meine Mittelschulzeit durchlief ich in der Luitpold-Kreis-Oberrealschule an der Alexandrastraße, nahe dem Nationalmuseum, vor dem noch heute das mit grüner Patina überzo-

gene Reiterstandbild des Prinzregenten Luitpold steht. Nach diesem Wittelsbacher war und blieb unsere Schule benannt. Das Bildnis des bayerischen Patriarchen mit dem weißen Vollbart schmückte das Rektoratszimmer, und daran konnte auch die Revolution nichts ändern.

Erst 1933, als ich der Schule schon entwachsen war, kam wohl ein anderes Bildnis anstelle des hochseligen Prinzregenten Luitpold. Aber, wie der Münchner sagt: »Es kommt nichts besseres nach.«

Noch aber hatte ich die Pforten dieser höheren Lehranstalt nicht durchschritten, noch ging ich täglich in die Gebele-Volksschule – und debütierte gleichzeitig als Filmkind.

Es wurde nichts rechtes aus meinen Geiselgasteiger Anfängen. Meine Mutter war realistisch genug, meine Filmkarriere zum Ende des Schuljahres durch ein Machtwort zu beenden. Ich mußte zur Aufnahmeprüfung in die Mittelschule antreten und der Traumfabrik entsagen, und da ich den Realia immer distanziert gegenübergestanden hatte, wählte meine besorgte Mutter für den Sohn die Oberrealschule. Seinen Neigungen sollte entgegengewirkt werden, der Junge mußte etwas Praktisches lernen.

Er lernte es nicht, sondern träumte und malte, ehe er schließlich zu dichten begann.

In München keine Malversuche zu machen, scheint mir noch heute unfaßbar. Die Stadt, die so reich an Kunstwerken ist, beflügelte meinen Kunstsinn ungemein.

Schon als kleines Kind zog es mich immer wieder unter die Arkaden im Hofgarten, wo ich staunend vor den theatralischen Schlachtenbildern stand, vor Kaiser Ludwig dem Bayern und seinem braven Schweppermann, der die sprichwörtlichen zwei Eier erhielt (im Gegensatz zu den übrigen Kriegern, von denen jeder mit einem Ei vorlieb nehmen mußte) und vor dem stürmenden Kurfürsten Max Emanuel, von dem ich damals noch nicht wußte, daß er meine Vorfahren aus seinem Lande roh vertrieben hatte.

Die Landschaften Rottmanns – im selben Arkadenbau –

weckten die erste Italiensehnsucht, die ich erst viele Jahre später, 1931, mit einer Fahrt nach Venedig stillen konnte. An den Sonntagen besuchte man besonders gern die zahlreichen Galerien der Stadt, in denen ich bald heimisch wurde. Der Wohnung zunächst lag die Schack-Galerie an der Prinzregentenstraße, in der mir vor allem die biedermeierlich-idyllischen Meisterwerke Spitzwegs einen unvergeßlichen Eindruck machten, aber auch Schwind und Lenbach zählten zu den Künstlern, die das sichere Empfinden für Form und Farbe in das junge Gemüt legten.

In der Neuen Pinakothek waren es ebenfalls die Meister des 19. Jahrhunderts, die mich fesselten, darunter auch Großpathetiker wie Piloty, denen wir heute sehr viel nüchterner und skeptischer begegnen.

Das Allerheiligste in der Alten Pinakothek war aber der Dürer-Saal, in welchem ich immer wieder vor den Bildern der Apostel Johannes und Petrus und Paulus und Markus verharrte. Noch heute kann ich sie nicht anders sehen als in Dürers Vision — nur bei Paulus ist es anders, er erscheint mir im wild-ekstatischen Konterfei von Lovis Corinth wesensähnlicher jener Gestalt, die mir aus seinen Briefen und der Apostelgeschichte des Lukas erwachsen sollte.

In der Neuen Staatsgalerie verzauberte mich Franz von Marées' Griechenwelt, aber auch dem süßen Gift des Kitschs (in kleiner Dosis) war ich zugänglich. Wer bliebe da immun? Die Dichterin Else Lasker-Schüler erklärte einmal apodiktisch: »Kitsch muß sein.«

Beim Schweizer Böcklin war er zu finden, und doch berauschte uns alle sein »Spiel der Wellen«, ließ uns seine »Insel der Seligen« in melancholisch-süße Todesahnung versinken.

Der Kunstsinn, vor allem der eines jungen Menschen, eines Kindes gar, ist aber nicht eingleisig, und so wurde ich frühzeitig ein begeisterter Anhänger des Expressionismus. Vor allem die blauen und roten Pferde von Franz Marc lösten mein Entzücken aus. Ich konnte gar nicht verstehen, daß unser

Zeichenlehrer, Studienrat Witz, der seine Stunde mit Moral-unterricht verband, Franz Marc ebenso vehement ablehnte wie Paul Klee, dessen Aquarelle ich täuschend nachzuahmen pflegte. (In der Buch- und Kunsthandlung Goltz war ich ihnen zum erstenmal begegnet.)

Es ist sicher schwer, das größte Kunsterlebnis der Jugendzeit zu benennen. Ich aber würde nicht zögern, es klar zu datieren: Als Matthias Grünewalds Isenheimer Altar auf Grund des Versailler Vertrages an Frankreich zurückgegeben werden mußte, war er zum Abschied noch einmal in der Alten Pinakothek ausgestellt. Die Münchner wallfahrteten zu diesem Kunstwerk, auch ich stand in der lautlosen, fast anbetenden Menge. Die Tafeln dieses Altars – von der Verkündigung über die Maria in der Glorie (wobei die Kinderbadewanne oder das Waschschaff so realistisch neben transzendente Licht-effekte gesetzt ist, die vom Engelskonzert förmlich wieder-klingen) bis zur grauenvoll-grünlichen Kreuzigung und zur Auferstehung – waren und blieben für mich der Gipfel der Kunst.

»Die Kunst ist sittlich, sofern sie weckt«, bemerkt Thomas Mann im ersten Band seines »Zauberberg«. So gesehen wurde der Isenheimer Altar für mich ein sittliches, da weckendes Erlebnis. Das Bild des Gekreuzigten, wie es Matthias Grüne-wald beschwor, ist für mich gültig geblieben und es trat mir immer wieder vor Augen, als ich im Januar 1967 »I.N.R.I. oder der Fluch des Gehenkten«, das letzte Kapitel meines Buches »Bruder Jesus« schrieb.

Manchmal nur verstellten Marc Chagalls Darstellungen des gekreuzigten Juden den phosphoreszierenden Leichnam am Holze, wie Meister Matthias Grünewald ihn gemalt hat. Aber der ausgestreckte Zeigefinger des Johannes blieb, er deutete auf *diesen* gekreuzigten Juden.

In rückblickender Ehrlichkeit wird mir klar, daß ich vom Bild und nicht durch das Wort zur Gestalt Jesu kam, die mich nicht mehr loslassen sollte. Der überdimensionale Finger des Johan-nes wies sie mir, aber die Hand des Matthias Grünewald führte mich vor sie. So weit zurück liegen die entscheidenden Erlebnisse, die den Menschen formen und zur Formung bewegen.

Die gewaltigen Vorbilder Grünewalds, Dürers und der späteren Meister bis hin zu den bahnbrechenden Künstlern der Moderne waren aber zu hoch für die dilettierende Hand des Knaben. Sie tastete nach greifbaren Regionen, erschwinglichen Vorlagen und Anregungen.

Und so war es schließlich die Karikatur, die mich zur eigenen Produktion anregte, so daß ich im Freundeskreise wegen dieser oft gelungenen Skizzen »Kari« genannt wurde.

Die ersten Anregungen kamen natürlich von Wilhelm Busch, den Münchner »Fliegenden Blättern«, den Bilderbogen, die in München bei Braun und Schneider erschienen, und den klassischen Karikaturen des jungen Gustave Doré, dessen Erstlingswerk, »Die Taten des Hercules«, mir 1922 eine schwere Grippe leicht machte. Ich habe mich daran gesund gelacht.

Aber den unmittelbaren Anstoß gaben zeitgenössische Karikaturisten wie Paul Simmel in der »Berliner Illustrirten«, Walter Trier, Schaefer-Ast und Abeking, die ich erst nachahmte, um schließlich zu eigenem Strich zu gelangen.

Die Wonne meiner Kindheit war »Der heitere Fridolin«, Ullsteins Kinderzeitschrift, an welcher die besten Zeichner dieses Welthauses mitarbeiteten. In Bild, Vers und Prosa traf diese Zeitschrift die Phantasie, das Interesse der Zehn- bis Vierzehnjährigen, während amtlich geförderte Zeitschriften wie die »Jugendblätter« etwas ranzig-abgestanden auf mich wirkten.

Ich brachte es als Illustrator immerhin so weit, daß die Münchner Jugendzeitschrift »Das Zelt« von mir Zeichnungen und Scherenschnitte veröffentlichte, noch ehe ich zur Feder griff.

Im Zeichenunterricht aber versagte ich mehr oder weniger, denn wir mußten jahrelang liegende und stehende Zigarrenkistchen als perspektivische Beispiele darstellen, wobei der Wulst der Wasserfarbe bis zum Rande zu ziehen und dort mit dem Pinsel aufzufangen war. Die monströse Langeweile dieser

Arbeit wurde nur noch durch die immer wieder geforderte Darstellung von Mäandermustern überboten. Dieser edle Zierrat griechischer Tempel wurde mir dadurch so verhaßt, daß ich sogar die Glyptothek, Münchens wundervolle Sammlung griechischer Antiken, verschreckt zu meiden begann.

Studienrat Witz, für den die Kunst in Wilhelm Leibl ihren absoluten Gipfel erreicht hatte, würzte die ermüdende Darstellung der Zigarrenkistchen und Mäandermuster durch praktische Anweisungen fürs Leben, die ich bis heute treu befolge. Er erklärte uns nämlich, daß nur ein roher Mensch eine Armbanduhr trage, da sich beim Blick nach der Zeit der eigene Ellbogen unvermeidlich in Brust oder Magen des Mitmenschen bohre. Der Kulturmensch, so schloß er, trägt eine Taschenuhr. An dieser Wahrheit halte ich bis heute fest.

Des weiteren wurden wir belehrt, daß der Mensch sofort bei Betreten seiner Wohnung Hausschuhe anzuziehen habe. Auch diese Maxime halte ich nach wie vor für beherzigenswert.

Ohne diesen Knigge für Oberrealschüler hätte der Zeichenunterricht überhaupt keinen Wert gehabt. So aber wirkte er immerhin versittlichend auf uns, wenn auch nicht in dem »weckenden« Sinne Thomas Manns.

Während wir den Wulst der Wasserfarbe bis zum Rande des Zigarrenkistchens auszogen, wurden wir moralisch erhöht. Überboten wurde solche Unterweisung nur noch durch Geheimrat Eiber, der als Oberstudiendirektor an der Spitze des Instituts stand und uns zu Trimesterbeginn einschärfte, daß ein ordentlicher Schüler stets mit einem sauberen Kragen zu erscheinen habe. Um dieser Vorschrift zu genügen, legte ich mir einen Gummikragen zu, der gleichzeitig mit der Halswäsche zu behandeln war.

Der Münchener Publizist Erich Kuby, der wenige Jahre vor mir dieselbe Luitpold-Kreis-Oberrealschule besucht hatte, schilderte Oberstudiendirektor Eiber als einen imperialen Schulmann, »der mit jedem Wort und mit jeder Bewegung die Würde seines Amtes der Umwelt bewußt zu machen verstand. Mit solcher Art von Autoritätsbewußtsein geht in Deutschland – und vielleicht nicht nur in Deutschland – ein auf Hochglanz gebrachtes Nationalbewußtsein immer Hand in Hand. Das war bei Eiber nicht anders. Dennoch, und auch das soll man gerechterweise festhalten, fand in seine Anstalt der aufkommende Ungeist, der so gewaltig auf die nationale Pauke schlug, keinen legalen Einzug, und wenn die meisten von uns später sich nicht auffressen ließen von dem, was kam, so wurde der Grund dazu in der Schule gelegt... Es ist jedoch keine nachträgliche Konstruktion, wenn ich sage, daß zwar vielleicht nicht allen aber doch nicht wenigen unter uns das Inselhafte und Verlorene unserer geistigen Position im eigenen Volk schon bewußt war und wir die Bitterkeit der Ironie in einem der berühmten Ratschläge zum Deutschunterricht empfanden: ›Schreibt im Aufsatz was ihr wollt; aber der letzte Satz muß beginnen: Möge Deutschland...!‹«

Erich Kuby spricht von einer Situation des Inselhaften. Sie war uns damals natürlich nicht bewußt, aber daß das Klima unserer Schule und vielleicht sogar – trotz allem – unserer Stadt anders war als in anderen Gauen Deutschlands, wurde mir in der dritten oder vierten Klasse durch einen kleinen Vorfall blitzartig bewußt.

In unsere vorwiegend bayerische Schulklasse kam ein fremder Schüler, ein Ruschke aus Tilsit.

Ich sehe ihn noch vor mir, diesen blassen, fahlblonden Jungen mit einem fast flachen Gesicht und grauen Augen, die durch mich hindurchsahen.

Wir sprachen alle mehr oder weniger den bayerischen Dialekt Münchens, der Ruschke völlig fremd war. Daß er dadurch etwas isoliert war, empfand ich als ein Unrecht, und so knüpfte ich in der Pause arglos ein Gespräch mit ihm an. Ruschke blieb stumm, antwortete mit keiner Silbe. Bei den Umstehenden löste das Erstaunen und Mißbilligung aus: »Warum gibst du ihm denn keine Antwort?«

Ruschke antwortete schneidend: »Mit einem Juden rede ich nicht!«

Das war für die Schulklasse unfaßbar. Es soll hier keineswegs rückblickend idealisiert werden, der Antisemitismus war meinen Mitschülern sicher nicht fremd. Bei einem Streit oder einer Balgerei, wie sie unter Jungen in diesem Alter unvermeidlich sind, konnte durchaus einmal ein verletzendes und böses Wort fallen, das den Juden als Juden traf, aber jener kalte Haß, für den Antisemitismus eine Weltanschauung ist, war noch unbekannt.

Ruschkes Antwort wurde von der Klasse mit Mißbehagen aufgenommen und trieb ihn noch tiefer in die Isolation hinein.

Unsere Lehrer, meist strammnational gesinnt, hielten sich von den unseligen Einflüssen der um sich greifenden Rassentheorie noch fern, was sich etwa in ihrem Verhältnis zu dem Mathematiklehrer Dr. Adolf Schaalmann, dem einzigen jüdischen Studienrat an unserer Schule, bewährte. Schaalmann war sogar ein observanter Jude, der es vermied, am Sabbat zu schreiben. So zeichnete er die mathematischen Formeln für den Unterricht schon am Freitag auf den betreffenden Wandtafeln auf. Jüdisch-religiöse Haltung verband er, was damals keine Seltenheit war, mit dem ausgeprägten Patriotismus des deutschen Frontkämpfers. Er hatte sich dem »Reichsbund jüdischer Frontsoldaten« angeschlossen, der nach den Initialen RJF genannt wurde. Bei uns Jüngeren wurde daraus die respektlose Bezeichnung »Rifkabylen«, die uns an den kriegerischen Berberstamm Nordafrikas erinnerte, der uns aus der Karl-May-Lektüre vertraut war.

Jüdische Schüler zitterten vor Schaalmann, denn in seinem Bemühen um äußerste Objektivität vermied er es peinlich, einen jüdischen Schüler zu bevorzugen, was unabsichtlich beinahe (aber nur beinahe) zu Benachteiligungen führen konnte.

Schaalmanns Sohn Hermann, Hermi genannt, der nicht in unsere Schule ging, ist heute übrigens ein angesehener Reformrabbiner in Chikago. Schaalmann selbst gelang es noch, sich nach England zu retten.

Eine gewisse Arglosigkeit unserer Lehrer dokumentierte sich in ihrem Ordnungssinn, der keinen Raum für Ausnahmen bot. Der Ordinarius unserer Klasse, der Mathematiker und Physiker Johann Baptist Trottler, der mich trotz meiner außergewöhnlichen Schwäche in seinen Fächern mit liebevoller Ironie behandelte, teilte mich eines Tages zu einer Straßensammlung für den als unpolitisch geltenden »Verein für das Deutschtum im Ausland« ein.

Meine vorsichtigen Einwände, daß ich wohl nicht der geeignete Sammler für dieses großdeutsche Unternehmen sei, ließ er nicht gelten, sondern witterte dahinter Faulheit und die an sich verständliche Absicht, den Samstagnachmittag angenehmer zu verbringen.

Die Mühen, dem Studienrat Trottler die Grundzüge meiner zionistischen Überzeugung darzulegen, waren nur den Anstrengungen vergleichbar, die dieser Schulmann damit hatte, mir den pythagoräischen Lehrsatz verständlich zu machen. Dabei riß ihm übrigens manchmal die Geduld, und er warf mit Kreidestücken nach mir. Seine heftigen Gemütsaufwallungen konnten nur durch reichlichen Genuß von Schnupftabak gelindert werden. Er hielt stets dosierend eine Brise zwischen Daumen und Zeigefinger, um sie, während wir über die Hefte gebeugt schrieben, unter akustischen Effekten hochzuziehen.
Unser Englischlehrer, Dr. Leiblein, frönte einem anderen Laster, dem Kartenspiel. Als ihm sein Lieblingsschüler Bissinger einmal die Schafkopfkarten von einem Kollegen holen mußte, löste das bei uns ungehemmte Heiterkeit aus, da zufälligerweise in der vorangehenden Stunde ein anderer Lehrer erklärt hatte, daß ein Mann, der Karten spiele, überhaupt kein Mensch sei.

Im Klassenalphabet, das mit dem Namen Aufhäuser begann (mit Robert Aufhäuser, dem Sohn des bekannten jüdischen Bankiers Geheimrat Aufhäuser), stand Bissinger an zweiter, in Dr. Leibleins Rangordnung aber an erster Stelle, und so begann er den Unterricht meist mit der Frage: »Ist Bissinger vorhanden?«
Der Schüler Bissinger hatte dann die Befehle des Klassengewaltigen entgegenzunehmen, bis er eines Tages in respektloser

Weise die hinterhältige Frage stellte: »Herr Professor, darf ich austreten?«

Leiblein wunderte sich, daß der Schüler Bissinger zu Beginn einer Stunde die menschlich nur allzu verständliche Frage stellte, mußte dann aber erfahren, daß Bissinger nicht ein Örtchen aufsuchen wollte, sondern unsere Schule zu verlassen gedachte, also an einen Austritt radikaler Art dachte.

Mehr als ein Menschenalter später wandte sich nach einem Vortrag in München ein älterer Herr an mich: »Ich glaube wir kennen uns...!«

Es war Bissinger. Er war inzwischen Leiter des angesehenen evangelischen Verlages Chr. Kaiser in München geworden, dem Verleger Karl Barths und seines Kreises. In diesem Verlag erschien 1967 ein Sammelbuch »Gott heute«. Einer der 15 Beiträge, »Der unbekannte Gott«, stammte von mir, und im Anhang fand Bissinger in den biographischen Daten den Hinweis, daß Schalom Ben-Chorin mit Fritz Rosenthal aus München, seinem früheren Mitschüler, identisch sei.

Solches Wiedersehen blieb, trotz der Stürme der Zeit, die unsere Klasse in alle vier Ecken der Welt getrieben haben, nicht ganz vereinzelt. Einem ehemaligen Mitschüler, Fritz Gotthelf, heute ein bekannter Spezialist für Formgebung und Organisator der »Exempla« auf der Internationalen Handwerksmesse in München, begegnete ich ganz unverhofft Mitte der dreißiger Jahre in Jerusalem. Er wohnte dann auch einige Zeit bei mir, und die freundschaftlichen Bande sind nicht mehr abgerissen.

Obwohl Gotthelf nicht zu den jüdischen Klassenkameraden gehört hatte, wurde er im Dritten Reich – wohl zu seiner eigenen schmerzlichen Überraschung – rassisch verfolgt. Dabei hatte er das geradezu auffällige Bild eines nordischen Jünglings von außergewöhnlicher Schönheit geboten. So etwa stellte ich mir Thomas Manns Felix Krull vor.

Der englische Unterricht bei Dr. Leiblein sollte später für mich von ungeahnter Bedeutung werden, da im Palästina der britischen Mandatsverwaltung Englisch die Amtssprache war, so daß ich mich als Journalist im Umgang mit den Behörden dieser Sprache bedienen mußte. Auch heute noch ist Englisch in Israel gewissermaßen die zweite Sprache und die Sprache des internationalen Verkehrs. Pressekonferenzen, an denen Auslandskorrespondenten teilnehmen, werden ausschließlich englisch gehalten.

Es bedurfte des Umlernens. Was uns an unserer Oberrealschule als Englisch beigebracht wurde, unterschied sich von der gesprochenen Sprache in nicht geringem Maße, aber trotzdem – man hatte eine leichte Ahnung, wenn auch nicht mehr. Ich wurde dabei oft an eine bekannte Anekdote erinnert: Einem Professor der Theologie erklärte ein Neuphilologe nach den Semesterferien erschüttert: »Ich benutzte die Ferien zu einem Studienaufenthalt in Frankreich, doch ich mußte feststellen, daß ich seit Jahrzehnten eine Sprache unterrichtete, die es nicht gibt.« – Der Theologe meinte darauf: »Ich fürchte, daß es vielen meiner Kollegen nach dem Tode ähnlich ergehen wird.«

Doch zurück an die Münchner Oberrealschule. Deutsch und Naturkunde gaben die Brüder Müller, die daher nur Deutsch-Müller und Naturkunde-Müller genannt wurden. Ihr gemeinsames Kennzeichen war eine außergewöhnliche Körpergröße. Während ich bei Deutsch-Müller unbestrittener Klassenprimus war, ließ mein Interesse für Biologie zu wünschen übrig. Meine Aufsätze retteten mich zuweilen, da die Note Eins im Deutschen im Zeugnis meine mathematische Schwäche ausgleichen konnte.

Unzulänglich waren meine Leistungen auch im Turnen, allerdings mit einer Ausnahme: An den Kletterstangen und am Seil vollbrachte ich erstaunliche Leistungen und war mit affenartiger Geschwindigkeit jeweils als erster am Hochziel angelangt. Diese Fähigkeit bewahrte mich vor einem Ungenügend in Leibesübungen.

Unser Turnlehrer, ein Herr Schindelbeck, war ein ausgesprochener Choleriker, der die Klasse im Kasernenhofton anbrüllte und mit unflätigen Schmähungen überhäufte. Wenn ein Schüler beim Strammstehen etwas zu weit nach hinten griff, trompetete Schindelbeck: »Hältst die Händ' am Hintern, daß die Luft nicht raus kann!« Seinen besonderen Zorn erregte unser italienischer Mitschüler Rosalba, den er »schwarzes Roß, nicht weiße Rose« zu titulieren pflegte.

Schindelbeck erschien zum Turnunterricht stets mit Stehkragen und Krawatte, Rock und Weste legte er nicht ab. Er beschränkte sich darauf, zu kommandieren.

Als wir einmal aushilfsweise einen jungen modernen Sportlehrer namens Ries hatten, der uns selbst eine klassische Kniewelle am Reck vorführte, kam es bei mir zur Katastrophe. Während Schindelbeck mein athletisches Untalent seltsamerweise tolerierte, erregte ich bei seinem jungen Kollegen Mißmut. Mit scharfen Kommandoworten ließ er mich exerzieren, doch als ich weder bei Rechtsum noch bei Linksum die richtige Reaktion zeigte und mich sozusagen als zweiter Schwejk präsentierte, entfuhr ihm die rhetorische Frage: »Du scheinst ein Depp zu sein. Was hast du denn in Deutsch?« Wahrheitsgemäß antwortete ich: »Note Eins.« Schallendes Gelächter der Klasse begleitete diese Antwort.

Der Unterricht im Deutschen führte nicht in die Literatur der Gegenwart. Das Neueste, was noch geboten wurde, war Fontane, dessen schöne Ballade »Archibald Douglas« zu einem Disput zwischen Lehrer und Schüler führte.

Es ging um die Strophe:

... Ich seh' dich nicht, Graf Archibald,
Ich hör' deine Stimme nicht,
Mir ist, als ob ein Rauschen im Wald
Von alten Zeiten spricht.

Ich rezitierte diese Strophe dem Rhythmus entsprechend, aber der Lehrer bestand darauf, daß das Wort *deine* betont würde. Es mochte ja logisch sein, »deine Stimme« hervorzuheben, aber das Melos des Gedichtes wurde dadurch empfindlich gestört.

Es war aussichtslos, denn niemals konnte es angehen, daß ein deutscher Lehrer von einem Schüler überzeugt wurde. Ich erkannte das rechtzeitig und stellte alle weiteren Versuche zur

Diskussion ein. Ich fügte mich dem autoritären Diktat – allerdings mit der reservatio mentalis einer stillen Ablehnung und Distanzierung. Erst rückblickend wurde mir die Problematik dieses Verhaltens bewußt, das wohl typisch für unsere Generation war. Die Erziehung stand in krassem Gegensatz zu dem, was Joh. Amos Comenius (1592–1670) als Grundsatz der Pädagogik aufgestellt hatte: »Was einer versteht, das soll er auch aussprechen, und umgekehrt: was er ausspricht, soll er verstehen lernen. Es sei keinem gestattet, etwas herzusagen, das er nicht versteht, oder etwas zu verstehen, das er nicht ausdrücken kann. Denn wer seines Geistes Empfindung nicht ausdrückt, ist eine Statue, wer Unverstandenes daherplappert, ein Papagei. Wir aber bilden Menschen ...«

In unserer Schule wurden nicht Menschen gebildet, sondern ein bestimmter Lehrplan absolviert. Daß dabei doch eine erträgliche Atmosphäre herrschte, ist mehr dem Lokalcharakter Münchens als der pädagogischen Planung zuzuschreiben.

Gehorsam und Disziplin bildeten die selbstverständliche Voraussetzung des Unterrichts. Es ist mir klar, daß man auf diese Elemente niemals ganz verzichten kann, aber an die Stelle des autoritativen Diktats müssen Argument und Überzeugung treten. Davon aber war bei uns noch nicht die Rede.

Die Folgen sind bekannt. Die Kehrseite von Gehorsam und Disziplin ist die Verantwortungslosigkeit. Der Einzelne wird der Entscheidung enthoben und lebt in einer permanenten Situation des Befehlsnotstandes, die schon in der Schulzeit angelegt wurde.

Als ich mich einmal debattierend auf das mir wesensfremde Gebiet der Geometrie begab und den Versuch machte, dem Lehrer eine andere Lösung des Problems vorzuschlagen, schnitt er mir das Wort mit der Bemerkung ab, ich sei ein Phantast, aber kein Geometer.

Er hatte so unrecht nicht, aber er hätte es nicht sagen sollen. Damit war mein erster und letzter Versuch zu mathematischer Initiative blockiert worden. Die Abneigung gegen die Mathe-

matik ist mir geblieben und selbst mein Freund, der Dichter,
Philosoph und Musiker Max Brod, der ein ausgezeichneter
Mathematiker war, konnte die Deformation meiner Jugend
nicht mehr heilen. Ich sah mich als Phantast außerhalb der
logischen Bereiche der Geometrie versetzt und versuchte nun,
nicht ohne Erfolg, das Phantastische zu kultivieren. So trat ich
frühzeitig jenen Rückzug in das Reich der Phantasie an, der
zu den Verhängnissen des deutschen Geistes gehört.

Wie klar werden uns die Wege und Irrwege des Lebens, deren
Ursprünge in unsere Schulzeit zurückreichen, wenn wir sie von
der relativen Höhe der späten Jahre überblicken. Aber diese
Gipfelsicht kommt zu spät. Dort, wo die Weichen gestellt
werden, werden die Fehler gemacht, die zu den großen Eisen-
bahnunglücken der Weltgeschichte führen.

Man erkennt, wo die Ursprünge der Fehler liegen, aber was ist
damit getan?

Kann man solche Erkenntnisse warnend weitergeben? Wohl
kaum. Die Situationen ändern sich, und keine junge Generation ist bereit, Analogien als wegweisende Richtlinien anzunehmen. Es bleibt bei Goethes Baccalaureus-Erkenntnis:

Dies ist der Jugend edelster Beruf
Die Welt, sie war nicht, eh ich sie erschuf.

Es war die Liebe zum Buch, die mich in Beruf und Studium leitete.

Die Verhältnisse ließen ein uneingeschränktes Studium nicht zu, so daß ich zunächst nach praktischer Betätigung Ausschau hielt, was damals nicht mehr so ungewöhnlich war, denn zu Beginn der dreißiger Jahre gab es in Deutschland mehr und mehr Werkstudenten.

So trat ich, noch ehe ich an der Universität München die ersten Vorlesungen hören konnte, in die Ewer-Buchhandlung an der Ottostraße, nahe dem Maximiliansplatz, ein, um den Sortimentsbuchhandel zu erlernen.

Diese Ewer-Buchhandlung war ein Unternehmen ganz eigener kultureller Art. In Berlin hatten bereits um die Jahrhundertwende Martin Buber, sein Freund Berthold Feiwel, der Jugendstil-Graphiker E. M. Lilien und der Soziologe Davis Trietsch den Jüdischen Verlag gegründet. Bezeichnenderweise war die erste Veröffentlichung dieses jungen Unternehmens die Programmschrift »Eine jüdische Hochschule«, die den Anstoß zur späteren Gründung der Hebräischen Universität in Jerusalem gab.

Der Verlag machte es sich zur Hauptaufgabe, die zionistischen Klassiker Theodor Herzl, Max Nordau und Achad Haam herauszugeben. Hinzu kamen die Meister der jiddischen Dichtung J. L. Perez und David Pinski in mustergültigen deutschen Ausgaben. Von Buber selbst erschienen ein Werk über jüdische Künstler sowie die gesammelten Aufsätze und Ansprachen »Die jüdische Bewegung«. Bahnbrechend für den von Buber mitbegründeten Kulturzionismus war der »Jüdische Almanach«.

Nach dem Ersten Weltkriege übernahm Dr. Siegmund Kaznelson die Leitung des Verlages, und ihm ist die Herausgabe von Standardwerken zu verdanken, die bis heute zum Grundstock jeder judaistischen Bibliothek in deutscher Sprache gehören. Vor allem gilt dies vom fünfbändigen »Jüdischen Lexikon«, einem enzyklopädischem Handbuch des jüdischen Wissens, das von Dr. Georg Herlitz, den Begründer des Zionistischen Zentralarchivs in Berlin (später Jerusalem) und Dr. Bruno Kirschner herausgegeben wurde.

Das Gesamtwerk ist heute eine Seltenheit geworden, da die Nationalsozialisten den 1928 erschienenen zweiten Band des Lexikons beschlagnahmten. In ihm waren – in dem Artikel über Deutschland – bereits die Schändungen jüdischer Friedhöfe registriert.

Bis heute ist das »Jüdische Lexikon« praktisch unerreicht geblieben, wenngleich die nunmehr in Jerusalem in englischer Sprache erschienene »Encyclopaedia Judaica« weit umfangreicher und natürlich auf den neuesten Stand gebracht ist. Übersichtlichkeit, wissenschaftliche Zuverlässigkeit und prachtvolle Bebilderung des »Jüdischen Lexikons« sind dennoch nicht mehr überboten worden.

Zu den weiteren Hauptwerken des Verlages gehörte die »Weltgeschichte des jüdischen Volkes« von Simon Dubnow, die Dr. A. Steinberg aus dem Russischen übersetzt hatte. Dubnow war kein Zionist, sondern vertrat die These, daß das jüdische Weltvolk in allen Teilen der Diaspora als nationale Minderheit sein kulturell-religiöses Eigenleben führen müsse. Während Heinrich Graetz, der Vater der modernen jüdischen Geschichtsschreibung, noch von einer idealistischen Grundkonzeption ausging und jüdische Geschichte als Religions- und Geistesgeschichte interpretierte, sah Dubnow bereits die politisch-ökonomischen Faktoren, ohne deswegen allerdings dem historischen Materialismus anzuhängen.

Dieses Votum für die Diasporaexistenz führte Dubnow in den

Tod: Statt sich rechtzeitig nach Palästina abzusetzen, verblieb er in Riga und wurde dort im Dezember 1941 als über achtzigjähriger Greis von nationalsozialistischen Mördern erschossen.

Die dritte Säule der Verlagsproduktion war die zwölfbändige Gesamtausgabe des Babylonischen Talmud in der vollständigen deutschen Übersetzung von Lazarus Goldschmidt. Diesem Werk lag übrigens die einzige ungekürzte, von der Zensur nicht verstümmelte Talmudhandschrift zugrunde, deren unschätzbar kostbares Manuskript, der Codex Hebr. Monacensis 95, sich in der Bayerischen Staatsbibliothek in München befindet (eine Faksimile-Ausgabe dieser Handschrift wurde in hochwertigem Lichtdruck, kostbar gebunden, inzwischen vom Süddeutschen Verlag in München in Angriff genommen).

Goldschmidts Übersetzung war nicht nur von wissenschaftlichem, sondern auch von apologetischem Wert, da gerade über den Talmud die unsinnigsten Lügen und Märchen in Umlaufe waren, kräftig betrieben in Julius Streichers pornographisch-antisemitischer Wochenschrift »Der Stürmer« in Nürnberg und in nordisch-mystischen Publikationen der Mathilde Ludendorff.

Es war allerdings naiv zu glauben, eine zwölfbändige, streng wissenschaftliche Edition des Talmud könnte gegen Revolverjournalismus und den verinnerlichten Unsinn aus Tutzing, dem idyllischen Stammsitz der germanischen Hohepriesterin vom heiligen Quell des Runenzaubers, aufkommen.

Rings um den Jüdischen Verlag und seine Hauptwerke wurden nun als Vertriebsorganisationen die Ewer-Buchhandlungen gegründet, deren Münchner Niederlassung von einem bewährten Sortimenter namens Schloime Monheit geleitet wurde.

Der Name Ewer-Buchhandlungen leitete sich von dem biblischen Ewer ab, einem Urenkel des Sem und Ahnherrn der semitischen Stämme, der in der Völkertafel der Genesis 10,21. 25 ff. erwähnt wird. In der talmudischen Legendenliteratur gilt

Ewer als Gründer des ersten Lehrhauses des reinen Monotheismus.

Die Umwelt verstand diesen sinnigen Namen natürlich nicht, und es kam öfters vor, daß mich Verlagsvertreter fragten, ob ich der Sohn des Herrn Ewer sei. Ich antwortete wahrheitsgemäß, wenn auch etwas hintersinnig: »Nein, nur der Enkel.« Das Interesse für Judaica war aber nicht ausreichend, so daß sich die Ewer-Buchhandlung bald ein allgemeines modernes Sortiment angliederte und judaistische Literatur nur in einer Abteilung führte. Man stand mit den Buchhändlerkollegen in freundschaftlichem Kontakt, wobei es zuweilen durchaus vorkommen konnte, daß ich ein gewünschtes Buch, das wir nicht am Lager hatten, von der benachbarten Ludendorffschen Buchhandlung holte...

Der Charakter dieses Ewer-Unternehmens kam meinen Interessen durchaus entgegen, den judaistischen wie auch den literarischen.

Mit Heißhunger verschlang ich die Neuerscheinungen deutscher Literatur dieser Zeit, einer Hochblüte vor Sonnenuntergang. Besonderen Genuß bereitete es mir, jene sogenannten Leseexemplare zu durchfliegen, die noch vor Erscheinen eines Werkes in die Hand der Buchhändler und Rezensenten kamen. Ganze Nächte brachte ich damit hin, die neueste Produktion der zeitgenössischen Schriftsteller zu lesen. Dabei empfand ich den ungewöhnlichen Anteil der Juden an der deutschen Literatur dieser Tage als nicht unproblematisch. Ich spürte die Divergenz zwischen diesem oft luziden Intellektualismus, wie er etwa in den Werken Jakob Wassermanns und Lion Feuchtwangers oder im mystischen Symbolismus des Prager Kreises um Max Brod, Franz Werfel und des damals noch weniger bekannten Franz Kafka zum Ausdruck kam, und der sich anbahnenden Abwendung vom Geist in einem verkrampften Blut- und Boden-Mythos.

Wir sahen das Unwetter heraufziehen und blieben doch eigentlich passiv, widmeten uns den Aufgaben des Tages, sahen unsere Pflicht in der Vermittlung geistiger Güter.

Die jüdische Intelligenz der Stadt München verkehrte in dieser Buchhandlung, aber auch viele andere Literaturfreunde zählten zu unseren Stammgästen.

Von der gewissermaßen praktischen Beschäftigung mit der Literatur trieb es mich zu eigener Produktion und systematischer Erfassung.

Ein junger Mensch, der damals in München von solchen Impulsen getragen seinen Weg suchte, mußte zu Artur Kutscher finden, dem »Theaterprofessor« der Universität.

Artur Kutscher gehörte zu den Begründern der Theaterwissenschaft, und mit dieser relativ jungen Disziplin wird sein Name auch immer verbunden bleiben, aber er war zugleich auch als Literarhistoriker trotz seiner konservativen Grundhaltung ein revolutionärer Geist.

Das Revolutionäre bestand darin, daß er im Gegensatz zu anderen Kathederphilologen nicht bei den arrivierten Autoren der Gegenwart wie Thomas Mann, Stephan George, Rainer Maria Rilke, Hugo von Hofmannsthal und Gerhart Hauptmann Schluß machte, sondern die Hand immer auch am Puls der lebendigen Literatur hatte.

Zu Beginn eines jeden Semesters ließ er sich von den einzelnen Seminarteilnehmern Listen der zwanzig bedeutendsten deutschen Autoren der letzten fünfzig Jahre zusammenstellen.

Diese Listen wurden sorgfältig gesammelt und ausgewertet. Man konnte daran die Bewertung von Dichtern und Schriftstellern durch die junge Generation sehr deutlich ablesen.

Namen stiegen und fielen, manche verschwanden, neue kamen hinzu. Es ist bemerkenswert, daß in den Jahren 1931–1934, in denen ich diese Übungen mitmachte, die Namen jüdischer Autoren wie Emil Ludwig oder Arnold und Stefan Zweig erst nach der Bücherverbrennung durch Goebbels völlig verschwanden.

Die Unkenntnis der Studenten konnte Kutscher zu Zornausbrüchen hinreißen. Wenn ein junger Mann oder ein junges Mädchen, die sich zum Studium der Germanistik entschlossen hatten, in die Liste zeitgenössischer Autoren Hölderlin und Eichendorff aufnahmen oder Skandinavier wie Knut Hamsun eindeutschten, so sah er darin ein unverzeihliches Versagen. Als aber nach der sogenannten Machtübernahme der Parteischriftsteller Felix Riemkasten, mit seinem epochalen Werk »Du mich auch...« auftauchte, brauste Kutscher auf: »Seit dreißig Jahren lehre ich deutsche Literatur an dieser Alma mater, ohne dem Namen Felix Riemkasten begegnet zu sein.« Kutscher war ein typischer Deutschnationaler, der aber auf literarischem Gebiet den progressiven gesellschaftskritischen Strömungen nicht nur Verständnis, sondern Liebe und Begeisterung entgegenbrachte.

Das zeigte sich vor allem in seinem lebenslangen Dienst an Frank Wedekind, dessen Werke er edierte und durch eine umfassende Darstellung von Leben und Werk des Dichters ergänzte. Zu Kutschers dogmatischen Lehrsätzen gehörte: »Wedekind war der letzte deutsche Dramatiker; Gerhart Hauptmann hat nie erfahren, was Drama ist.«

Man tat gut daran, derartige Maximen unwidersprochen zu lassen, wenngleich Kutscher – in anderen Zusammenhängen und ganz im Gegensatz zu Geheimrat Brecht, dem Ordinarius für Germanistik – sehr diskussionsfreudig war.

Bei Brecht empfahl es sich sogar, in dritter Person zu sprechen. Als er einen Studenten einmal im Examen fragte, woher er ein bestimmtes Detail wisse, sagte der Arglose: »Das haben Sie ja selbst gesagt.« Geheimrat Brecht wehrte entrüstet ab: »Sagen Sie gleich Otto zu mir.« Er wollte hören: »Wie Herr Geheimrat selbst auszuführen beliebten.«

Von solchem Schwulst war bei Kutscher nicht die Rede. Er liebte das Ungezwungene – aber in Grenzen. Wenn es im Hörsaal zu unruhig wurde, insbesondere wenn Studenten und Studentinnen sich, auf des Professors Schwerhörigkeit vertrauend, in neckisches Geflüster verloren, konnte er die Vorlesung unterbrechen: »Ich empfehle den benachbarten Englischen Garten, um Ihre Unterhaltung nicht zu stören.«

Als die ersten Braunhemden im Kolleg erschienen, sah Kutscher sie versonnen über den Brillenrand an und bemerkte: »Meine Vorlesung ist kein Kostümfest.«

Den Juden in der deutschen Literatur stand Kutscher mit einem gewissen Vorbehalt gegenüber:»Die Juden«, so meinte er,»haben immer eine Gehirnwindung mehr als alle anderen Menschen.« Er hätte sich gewundert, wie auch wir uns gewundert haben, wenn er das Volk in Israel kennengelernt hätte, das mit den Problemen der Primitiven und Analphabeten zu ringen hat. Wir selbst kannten das jüdische Volk nicht und auch nicht die jüdische Landkarte, auf der Marokko und Tunis gleichsam leere Flecken blieben. Heute, vierzig Jahre später, kenne ich nicht nur ein volkhaftes Ostjudentum, sondern auch das orientalische Judentum, das von ganz anderen Strukturen und Elementen als das bürgerliche Bildungsjudentum Deutschlands geformt wurde.

Artur Kutscher verdanke ich, wie unzählige seiner Schüler, den echten Zugang zum Theater. Sein Grundriß der Theaterwissenschaft»Die Elemente des Theaters« (1932) war unsere Bibel. Mit autoritärem Selbstbewußtsein deklarierte Kutscher: »Wenn Sie meine ›Elemente‹ nicht gelesen haben, können Sie bei mir nicht Examen machen.«

Das Element der Elemente war für diesen Theaterprofessor der Mimus. In ihm sah er die Urzelle des Theaters:»Das Mimische ist Urbestand alles Dramatischen, allerdings auch sein künstlerisches Minimum. Eine Steigerung und Bereicherung – über Tanz und Pantomime hinaus – erfährt es im Mimus... Unser Interesse hat der Mimus zunächst deswegen, weil er die ältestüberlieferte Bühnenhandlung bedeutet.«

Von dieser Hochschätzung des Mimus her gewann Kutscher ein positives Interesse für den Film, der damals an deutschen Universitäten noch völliges Neuland war. Auch das noch junge Hörspiel fand bereits seine Aufmerksamkeit, so daß er in seinem Seminar Übungen über Bühne, Film und Funk ansetzte.

Sein Interesse für das Theater war weltweit, insbesondere sah er auch die Bedeutung des russischen Theaters unter expressionistischen Regisseuren wie Wachtangow und Warshilow. In diesem Zusammenhang referierte er auch über das erste hebräische Theater »Habima«, das nach dem Ersten Weltkrieg in Moskau entstanden war.

Als ich 1937, inzwischen bereits in Palästina, mit dem hebräischen Theater näher in Berührung kam und darüber in einer Wiener Zeitschrift einen Aufsatz veröffentlichte, sandte ich ihn Kutscher zu, der mir auf offener Postkarte, meinen Thesen zustimmend, dankte. Er wählte eine Karte mit dem Bild unserer Universität und sandte mir mit gleicher Post eine seiner neuen Arbeiten zu. (Ich habe diese Karte mit dem Hakenkreuz-Poststempel treulich bewahrt.)

Wer Kutscher nur im Hörsaal und im Seminar erlebte, kannte ihn nicht wirklich. Zu den Spezialitäten seiner Methode gehörten die Semesterschluß-Exkursionen (er sagte Exkorsionen), die bis nach Paris und London, ja sogar bis Moskau führten. Das war in den dreißiger Jahren noch ungewöhnlich und trug Kutscher den Spitznamen »Reiseonkel der Universität« ein, dabei brachte man seine Leidenschaft für Fahrten respektlos mit seinem Namen Kutscher in Verbindung. Er selbst hatte sich mit gutem Humor einen Kutscher auf dem Bock einer Droschke (Rückansicht) als Exlibris gewählt.

Die Exkursionen trugen, nach Kutschers Definition, wissenschaftlichen Charakter, aber es fehlte nicht an der gesellig-heiteren Seite, die auch in den Kostümfesten des Kutscherkreises zu fröhlichem Ausdruck kam:

Das Kutscherfest zur Faschingszeit,
Wenn Euch das Herzl eingeschneit,
Es bricht das Eis, es wärmt alsdann
Mit Flaschenwein von zwei Mark an.

Mit launigen Versen dieser Art wurde unter dem Motto »Zirkusleute« zum Fastnachtsfest der Studierenden der Theaterwissenschaft eingeladen. Es gibt dabei immer geistreiche literarische Grotesken wie »Wagner schlägt Goethe« und ein eigenes Ensemble »Drei von der Uni« (vormals Nachrichter bzw. Scharfrichter).

Bis 1933 konnte man bei solchen Festen auch scharfe politische Satire erwarten; später wurde man darin aus verständlichen Gründen zurückhaltender.

Kutscher selbst nahm an diesen Festen begeistert teil, um, wie er sich altfränkisch ausdrückte,»das Tanzbein zu schwingen«. Seine Wahl fiel nicht selten auf die hübschesten Studentinnen, denen er im Kolleg nicht immer vorurteilslos begegnete. Zu seinen Lehrsätzen gehörte die Definition, Studentinnen seien entweder geschlechtslose Geisttiere oder geistlose Geschlechtstiere. Aussprüche dieser Art durfte man allerdings nicht zu ernst nehmen. Kutscher liebte es auch, seine Hörerinnen durch den Vortrag von Schnaderhüpfeln (in einem Gemisch von Ostpreußisch und Bayerisch) und überaus gewagten Wirtinnenversen zu schockieren. Er gab sich dabei stets einen streng-wissenschaftlichen Habitus und brachte Zitate dieser Art als literarhistorische Illustration.

Als er einmal genüßlich bei den saftigen Darstellungen des Barockdichters Nikodemus Frischlin verweilte, unterlief ihm eine unvergeßliche Fehlleistung. Er wollte sagen:»Seine Produktion war vorwiegend erotisch bestimmt«, aber er sagte: »Seine Pollution ...«

Man kann sich das Gelächter und Trampeln im Auditorium vorstellen. Mir war die Sache etwas peinlich, da ich neben einer Ordensschwester saß, die züchtig die Augen niederschlug und keine Mine ihres schönen Gesichtes verzog.

Noch vor meiner Zeit hatte Kutscher einen berühmten Stammtisch in einem Lokal »Das Krokodil«. Man erzählte sich, daß ein echtes ausgestopftes Krokodil über diesem Stammtisch von der Decke hing. Eines Tages brachte Kutscher einen neuen Gedichtband »Morgenrot! Klabund! Die Tage dämmern!« zu dem Stammtisch mit und referierte enthusiastisch über diesen vulkanhaften Ausbruch echter Lyrik. Kutscher las Verse von Klabund und analysierte sie.

Da meldete sich ein Student aus dem ersten oder zweiten Semester, Alfred Henschke, zu Wort und widersprach dieser

Deutung. Kutscher erklärte dem jungen Mann, daß er diese bedeutende Dichtung nicht verstünde. Kleinmütig wandte Alfred Henschke ein, daß er selbst Klabund sei und dieses Pseudonym aus Klabautermann und Vagabund zusammengesetzt habe.

Als sich Kutscher vom ersten Schreck dieser Enthüllung erholt hatte, dekretierte er aus wiedergewonnener olympischer Höhe: »Das besagt nichts. Interpretation ist nicht Sache des Dichters, sondern des Kritikers.«

In der Tat gab Kutscher dem Literaturkritiker feste Maßstäbe, die mir bis heute unvergessen geblieben sind und meine eigene Arbeit auf diesem Gebiet durch Jahrzehnte leiteten: »Lyrik ist sprachmusikalische Gesetzmäßigkeit.« (Ich denke oft an dieses Wahrwort, wenn ich völlig unrhythmische Prosa in willkürlichen Verszeilen als moderne Lyrik vorgesetzt bekomme.)

Den Roman unterschied Kutscher streng von der Novelle. Ein Roman mußte für ihn ein Zeit- und Weltbild geben, während die Novelle das Einzelschicksal behandelte.

Das Dramatische war für Kutscher, wie gesagt, das Mimische. Überzeugend einfach sagte er: »Es gibt keine Buchdramen. Es gibt nur langweilige Dramen, die nicht auf die Bühne gelangen oder die dort versagen.«

Mit Erkenntnissen solcher Art läßt sich leben. Sie waren bei Kutscher nicht vorgefaßte akademische Meinung, sondern Endprodukte langen Nachdenkens und reicher Erfahrung.

Neben Kutscher hörte ich natürlich bei einer ganzen Reihe von Professoren, Philosophie bei dem bedeutenden Denker Richard Hönigswald, der nach 1933 als Jude seine Lehrtätigkeit einstellen mußte. Als ich ihn nach seiner Emeritierung zufällig beim Aumeister im Englischen Garten traf und mich nach seinem Befinden erkundigte, meinte er resigniert: »Wie soll es einem alten Juden heutzutage schon gehen.«

Richard Hönigswald, der aus Ungarn stammte, ursprünglich Medizin studiert hatte und dann zur Philosophie wechselte, lehrte erst seit 1930 in München und näherte sich den Sechzig.

Im Zentrum seiner Vorlesungen standen Probleme der systematischen Philosophie: Erkenntnistheorie und ihre Geschichte, aber auch Sprachpsychologie und Auseinandersetzungen mit dem Schöpfungsmythos der Genesis. Ein großer Hörerkreis scharte sich bald um diesen Lehrer, dessen scharfsinnige Diktion die Studenten fesselte. Es gelang ihm, die größten Hörsäle zu füllen. Aber im Jahr 1933 war seine Lehrtätigkeit mit einem Schlag beendet. Hönigswald mußte als Nichtarier das Katheder räumen und emigrierte nach Amerika. Er sollte nicht mehr zurückkehren. Aus seinem Nachlaß ist als erste Veröffentlichung »Vom erkenntnistheoretischen Gehalt alter Schöpfungserzählungen« erschienen.

Vorlesungen über Philosophie hörte ich auch bei anderen Professoren, die aber mehr in die Geschichte der Philosophie, des abendländischen Denkens einführten und mir die Erkenntnis nahelegten, daß Philosophie die Vereinfachung der Dinge auf dem Wege ihrer Komplizierung darstellt.

Kunsthistorische Kollegs bei Professor Pfister, Zeitungswissenschaft bei d'Ester (überaus theoretisch) schlossen sich an. Ich kann nicht sagen, daß ich in meiner späteren jahrzehntelangen journalistischen Tätigkeit von der Zeitungswissenschaft profitiert habe. Zeitungswissenschaft war damals nur Geschichte oder Systematik der Presse, soweit es diese geben kann. Von praktischer Einführung war noch nicht die Rede; man beschäftigte sich zum Beispiel mit Napoleon in den Berliner Abendzeitungen ...

Hebräisch hörte ich bei dem unvergeßlichen Orientalisten Bergstraesser, dem ich auch die erste Einführung in die Welt des Islam verdanke. Seine Vorlesung für Hörer aller Fakultäten über »Mohammed und der Koran« wurde mir für das Verständnis meiner späteren Umwelt in Jerusalem von schicksalhafter Bedeutung. Seine Vorlesungen vermittelten mir auch die erste Ahnung eines wissenschaftlichen Zugangs zum Hebräischen, wobei ich eine dritte Aussprache lernen mußte: die erste war die aschkenasische, die wir für den liturgischen Gebrauch im Religionsunterricht übten (wenn auch nur mit sehr geringem Erfolg), die zweite war die sephardische, die mir an der Hebräischen Sprachschule der Zionistischen Ortsgruppe München die gesprochene Sprache Palästinas nahebrachte – und die dritte Aussprache machte mich nun mit der hebräischen Tradition christlicher Theologen bekannt. Oft verwirrte diese dreifaltige Aussprache mehr als sie klärte, jedoch wurde mir frühzeitig bewußt, daß es offenbar keine absolut sichere Tradition der hebräischen Phonetik gibt und geben kann. Da wir weder Schallplatten noch Tonbänder aus biblischen Zeiten besitzen, kann niemand wissen, wie der König David die Psalmen gesagt oder gesungen hat.

Die Judaistik hatte an der Universität München in Gestalt des Privatdozenten Dr. Josef Prys, eines orthodoxen Rabbiners und bekannten jüdischen Familienforschers, der Seminare über die Sprüche der Väter und synagogale Poesie des Mittelalters hielt, nur einen ersten, ga : bescheidenen Anfang aufzuweisen. Es war Ehrenpflicht jüdischer Studenten, dieses Seminar zu besuchen, um seinen Bestand überhaupt zu ermöglichen. Die zionistischen Studenten des K.J.V. erschienen in corpore, auch wenn ihre Fakultät nicht den geringsten Bezug zum Thema hatte. Es gab einige christliche Orientalisten und Theologen, die hier wirklich eine erste Einführung in die klassische Literatur des Judentums erfuhren, und ich selbst war besonders dankbar und empfänglich für diese Anregungen. Damals mochte noch niemand ahnen, daß sich dreißig Jahre später der Sohn des Dozenten, Professor Leo Prijs (Prys), an derselben Universität für das Fach Judaistik habilitieren konnte. Es liegt hierin fast etwas Symbolisches in doppelter Bedeutung: die Unzerstörbarkeit des Geistes und der jüdischen Tradition, die vom Vater auf den Sohn weitergereicht wird.

Neben Artur Kutscher war es aber ein akademischer Lehrer ganz anderer Art, der den stärksten Einfluß auf mich ausübte: Professor Joseph Schnitzer. Er war von Hause aus katholischer Theologe, stammte aus Lauingen in Bayern und war, als ich ihn 1931 kennen lernte, bereits ein alter Mann, der die Siebzig schon überschritten hatte.

Lange vor meiner Zeit, in den Jahren 1902–1913, war er ordentlicher Professor für Dogmengeschichte, Symbolik und Pädagogik an der katholisch-theologischen Fakultät der Universität München, geriet aber wegen seiner Kritik an der Enzyklika des Papstes »Pascendi a divinis« in Konflikt mit seinen kirchlichen Oberen. Dieser Konflikt wurde durch eine wissenschaftliche Kontroverse noch verschärft. Der bekannte evangelische Theologe Adolf von Harnack hatte öffentlich an der Grundlage des Papsttums gerüttelt, indem er darauf hinwies, daß die Worte von der Schlüsselgewalt Petri (Matthäus 16, 18–19) nur unzureichend bezeugt seien. Schnitzer wurde mit der Abfassung einer Gegenschrift beauftragt, mußte aber nach langwierigen Studien in München und Rom der Argumentation Harnacks weitgehend zustimmen. Das trug ihm ein doppeltes Verbot ein. Er verlor die Kanzel der Allerheiligen Hofkirche und seinen Katheder an der Universität.

Schnitzer, der durchaus ein gläubiger Katholik, aber zugleich ein unbestechlicher Wissenschaftler war, fand sich zu keinem Rückzug bereit. Der Erzbischof konnte ihn natürlich mit einem Kanzelverbot belegen, aber der Entzug der akademischen Lehrtätigkeit stieß auf erhebliche Schwierigkeiten. Zwar war die Universität autonom, genoß volle akademische Freiheit, doch an der Theologischen Fakultät hatte das Erzbischöfliche Ordinariat ein Mitbestimmungsrecht, ja die letzte Entscheidung.

Was war zu tun? Die Sozialdemokraten erhoben ihre Stimme gegen den Klerikalismus an der Universität, der einen Professor diffamierte, der sich nichts anderes hatte zu Schulden kommen lassen, als daß er nach bester wissenschaftlicher Erkenntnis handelte.

Die Bayerische Staatsregierung entsandte den unbequemen Professor auf eine religionswissenschaftliche Studienreise nach Japan und China, aber Schnitzer kehrte mit reichem Material zurück und stellte die Behörden durch seine arbeitsfrohe Existenz vor neue Probleme.

Schließlich wurde er bereits 1913 formell in den Ruhestand

versetzt und zugleich zum Honorarprofessor an der Philosophischen Fakultät ernannt, wo man ihm einen Lehrstuhl für Vergleichende Religionswissenschaft errichtete. Der Bruch mit der katholischen Kirche war nicht mehr aufzuhalten. Der gelehrte Theologe wurde exkommuniziert und trat schließlich, wie sein berühmter Vorgänger Ignaz von Döllinger (1799—1890), der altkatholischen Kirche bei. Äußerlich blieb Schnitzer geradezu der Prototypus des katholischen Geistlichen. In einem schwarzen Priesterrock erschien er zur Vorlesung, während er auf der Straße Schlapphut und Radmantel trug und so an Emil Jannings in der Rolle des Professor Unrat im »Blauen Engel« erinnerte. Schnitzer las regelmäßig zwei Kollegs: Religionen der Erde und Urchristentum. Bei letzterem pflegte er einleitend zu sagen, daß ihm ein Verbot der Theologischen Fakultät nur erlaube, bis Augustinus zu lesen... um dann aber die Vorlesung ruhig fortzusetzen. Sie fand ohnedies fast unter Ausschluß der Öffentlichkeit statt.

Für die katholischen Theologiestudenten war es streng verboten, bei dem Ketzer zu hören, evangelische Theologen aber gab es kaum, da München keine evangelisch-theologische Fakultät besaß (die überließ man neidlos der Universität Erlangen).

Den Historikern blieb die Thematik Schnitzers oft nebensächlich, und Vergleichende Religionswissenschaft galt noch nicht als eigenes Fach. Für mich wurden die Vorlesungen dieses Outsiders der Universität jedoch zu einer wahren Fundgrube des Wissens, vor allem die sachkundige Einführung in die Welt der Evangelien und der urchristlichen Gemeinde. Damals wurde das Interesse erweckt, das meine spätere Lebensarbeit weitgehend bestimmen sollte. Außer Schnitzers großem Werk über Savonarola war es vor allem sein Paulus-Buch, das neben den Vorlesungen nachhaltig auf mich wirkte. An der Staatsbibliothek trafen wir uns zuweilen, wobei mancher Rat des erfahrenen Gelehrten dem jungen suchenden Menschen weiterhalf.

Als ich Professor Schnitzer einmal im Zusammenhang mit seiner Vorlesung über das Urchristentum nach Joseph Klausners großartigem Werk »Jesus von Nazareth« (1922 hebräisch, 1930 in deutscher Sprache) befragte – handelte es sich doch hier um das erste streng wissenschaftliche Leben Jesu eines jüdischen Verfassers –, da erwiderte mir Schnitzer mit entwaffnender Ehrlichkeit, daß seine Bibliographie nur bis zum Jahre 1928 reiche. Was nachher kam, wurde nicht mehr zur Kenntnis genommen, da Schnitzer zu sehr mit eigenen Spezialstudien beschäftigt war. Es war kein konfessionelles Vorurteil, daß er Klausners Werk nicht las, sondern ein Konservativismus, der weithin den akademischen Lehrbetrieb beherrschte und die Vorlesungen hinter den Ergebnissen der Wissenschaft oft herhinken ließ.

Wir waren ohnehin nur ein Fähnlein der sieben Aufrechten, das sich zu Schnitzers Vorlesungen einfand, so daß man ihm wohl nicht zumuten konnte, diese Vorlesungen stets auf den neuesten Stand der Forschung zu bringen. Er machte keinen Hehl daraus, daß er mehr oder weniger unverändert jeweils im Sommer- und Wintersemester denselben Text bot und sagte sogar mit schelmischer Selbstironie an bestimmten Stellen: »Hier pflege ich scherzhaft zu bemerken ...«

Bei aller Schrulligkeit war er aber doch auch ein wahrer Ausbund von Gelehrsamkeit. Für mich bot sich hier die seltene Gelegenheit, eine Einführung in das frühe Christentum zu erfahren, wie sie sonst nur den Theologen vorbehalten war.

Dieses Thema sollte mich nicht mehr loslassen, wenn ich es schließlich auch in meinen Büchern über Jesus, Paulus und Maria und in vielen Einzelarbeiten unter ganz anderen Aspekten – denen meiner eigenen Herkunft und meiner späteren Wahlheimat Israel – darstellte.

Ich war mir dieses Zusammenhanges immer bewußt und leitete schon 1941 einen meiner ersten theologischen Versuche »Die Christusfrage an den Juden« mit Worten der Dankbarkeit und Verehrung für Joseph Schnitzer ein, dessen Vorlesungen über das Urchristentum im Sommersemester 1932 mir zum ersten Male die hier gestellte Frage in ihrer ganzen Größe und Unabdingbarkeit enthüllte.

Judaistische Studien betrieb ich zwar vor allem im Selbstunterricht außerhalb der Universität, doch wurde ich auch von Rabbiner Wiesner, der die ostjüdische Tradition talmudischer Gelehrsamkeit für mich verkörperte, in die Kommentare der mittelalterlichen Exegeten eingeführt; so vor allem in den Pentateuchkommentar Raschis, in dieses Standardwerk der rabbinischen Bibelauslegung. Obwohl mich die geistige Tradition des Judentums in einer verpflichtenden Weise interessierte, konnte ich mich doch nicht zu einem theologischen Spezialstudium entschließen, wie es nur in Berlin an der Hochschule für die Wissenschaft des Judentums oder in Breslau am Jüdisch-theologischen Seminar möglich war. (Die Lehranstalten der Orthodoxie kamen für mich schon nicht mehr in Frage, da ich den etwas verkrampften Versuch meiner frühen Jugend, mich in der Welt jüdischer Gesetzlichkeit anzusiedeln, zugunsten jenes jüdischen Humanismus aufgegeben hatte, dem ich, in sich wandelnder Gestalt, die Treue gehalten habe.) Im Jahre 1934 hörte ich auf, die Vorlesungen der Universität zu besuchen. Söhne jüdischer Frontkämpfer durften diese heiligen Hallen zwar noch betreten, da aber mein Vater im Ersten Weltkrieg seines Alters wegen nur noch zum Landsturm zählte, erstreckte sich dieses Privileg nicht mehr auf mich. Überdies war mir die Lust an einem täglichen Spießrutenlauf begreiflicherweise bald vergangen, obwohl ich keinen persönlichen Anfeindungen ausgesetzt war.

Auch das Theater, das durch Kutschers sachkundige und enthusiastische Führung gleichsam ein Teil des Studiums geworden war, wurde mir fremd, und als Hanns Johsts Schlageter-Drama mit dem Kernsatz »Wenn ich das Wort Kultur höre, entsichere ich meinen Revolver« über die Bühne ging, senkte sich für mich ein eiserner Vorhang.

Unvergessen aber bleiben die großartigen Stunden in Münchens Theatern — an den Kammerspielen, wo Elisabeth Bergner gastierte und Bert Brechts »Dreigroschenoper« Stürme der Begeisterung auslöste, am Nationaltheater, wo ich Albert Bassermann als König Philipp in Schillers »Don Carlos« erlebte, an der Oper, die unter Knappertsbusch zu den besten in Deutschland zählte.

An den Kammerspielen sah ich übrigens auch zum ersten Mal das Hebräische Theater »Habima«, das 1930 die chassidische Legende »Der Dybbuk« von An-Ski in der berühmten hebräischen Übersetzung von Chaim Nachman Bialik spielte. Chana Rovina als Lea blieb mir (und nicht nur mir) unvergeßlich. Ich sah dieselbe Aufführung später in Tel Aviv und Jerusalem, doch der erste Eindruck war wie eine erste Liebe... obwohl ich nur sehr wenig von dem hebräischen Bühnendialog verstand. Aber eine Merkwürdigkeit ging mir auf, die wohl nur aus der Zweigleisigkeit meiner Existenz verständlich wird.

Das chassidische Legendenstück hatte eine frappante Ähnlichkeit mit dem bayerischen Volksstück »Der Müller und sein Kind«, das ich im Schlierseer Bauerntheater gesehen hatte. Kann man sich fernere Welten denken als diese: die Welt der Krachledernen und des Kaftans. Und doch dieselbe Handlung, dieselbe Problematik und – offen gesagt – dieselbe Rührseligkeit.

Hier wie dort der reiche Vater, der seine schöne Tochter dem armen Jüngling verweigert. Dieser geht an Liebeskummer zugrunde und – erscheint als Gespenst wieder auf der Bühne.

Ob am Schliersee oder im ostjüdischen Städtl, ob Bayerisch, Jiddisch oder Hebräisch – die Sprache des Herzens bleibt dieselbe und international verständlich.

Die Lehr- und Wanderjahre sind in meinem Leben zu trennen. Die Lehrjahre neigten sich dem Ende zu, aber das Wanderjahr begann, als ich 1935 München verließ mit der Destination: Jerusalem.

V

Goethe beginnt seine Autobiographie »Dichtung und Wahrheit« mit der astrologischen Feststellung: »Die Konstellation war glücklich: die Sonne stand im Zeichen der Jungfrau und kulminierte für den Tag; Jupiter und Venus blickten sie freundlich an, Merkur nicht widerwärtig, Saturn und Mars verhielten sich gleichgültig; nur der Mond, der soeben voll ward, übte die Kraft seines Gegenscheins um so mehr, als zugleich seine Planetenstunde eingetreten war...«
Ich glaube nicht unbedingt an die Macht der Gestirne über unser Schicksal und den Weg im Leben, wenngleich ich auch kein apodiktisches Urteil im abfälligen Sinne fällen möchte. Es schwingt in der Ablehnung astrologischer Prädestinationslehre wohl ein urhebräisches Erbe in mir mit, das den Kult der Gestirne dem Götzendienst gleichstellte und für Israel statuierte: Israel hat keinen Stern (gemeint ist wohl, daß es unmittelbar unter der Herrschaft des Herrn der Gestirne steht).
Wenn mir nun also auch die Sterne am Himmel, was unser Erdendasein angeht, fraglich blieben, so weiß ich doch ganz sicher, daß es am Himmel meiner Jugend geistige Fixsterne gab, deren Licht mir bis heute leuchtet, ganz wie es im letzten Kapitel des geheimnisvollen Buches Daniel in der Bibel vermerkt wird: »Die Lehrer aber werden leuchten wie des Himmels Glanz... wie die Sterne immer und ewiglich.«
Die Lehrer waren sehr unterschiedlich, sie führten den jungen Menschen auch nicht in eine Richtung, sondern wirbelten ihn umher in die divergierenden Dimensionen des Geistes.
Frühzeitig wurde mir klar, daß Gehalt und Gestalt nicht voneinander zu trennen sind, daß das Ästhetische vom Inhalt

nicht zu sondern ist, daß Sprache mehr ist als ein Verständigungsmittel, denn die Botschaft ist unlösbar mit der Sprache verwoben, wie der Sprecher mit dem Spruch.

Der Engel und sein Auftrag sind eins, lehrten die Weisen des Talmud.

Was für die Engel gilt, gilt auch für uns. Die Einheit geistiger Existenz mit Auftrag und Werk war es, die mich von früh an faszinierte.

Hier lag wohl die magnetische Anziehungskraft Stefan Georges. Die nahtlose Einheit von Werk und Persönlichkeit, von Gestalt und Sendung machte ihn zu einer lebendigen Mitte, an deren äußerster Peripherie sich Nachgeborene sammelten, ehe der Dichter und sein Werk von den Verderbern Deutschlands, denen er sich durch eine abschiedslose Reise in die Schweiz entzog, vereinnahmt wurden.

Goebbels, ein Schüler des aus dem George-Kreis kommenden jüdischen Literarhistorikers Gundolf hatte George das Präsidium der Deutschen Dichterakademie und die Schaffung eines George-Preises angeboten, aber George würdigte ihn keiner Antwort. Er ging nach Locarno, wo er am 4. Dezember 1933 starb. Auf dem kleinen Friedhof von Minusio am Nordufer des Lago Maggiore wurde er beigesetzt. Der Kranz, den Goebbels im Namen der nationalsozialistischen Reichsregierung gesandt hatte, war am Tage nach dem Begräbnis zertreten, die Hakenkreuzschleife zerrissen. Dieses Zeichen des Hakenkreuzes war tatsächlich das Symbol der wissenschaftlichen Veröffentlichungen des Kreises der »Blätter für die Kunst«, während die dichterischen Veröffentlichungen dieses George-Kreises das Zeichen der von Melchior Lechter geschaffenen Monstranz trugen.

Das Hakenkreuz des Sonnenrades auf diesen Büchern des jüdischen Verlegers Georg Bondi in Berlin sollte das Licht des Geistes symbolisieren und wurde schließlich zum Aberkreuz des Ungeistes degradiert.

George soll unter dieser Entstellung, die hier nur zeichenhaft für eine Fehlentwicklung steht, tief gelitten haben. Seine

Vision des Neuen Reiches gab tatsächlich Anhaltspunkte für Verfälschung und Vergröberung. Der Schritt vom Erhabenen zum Lächerlichen wurde oft aufgezeigt, aber noch tragischer ist der Schritt vom Erhabenen zur Bestialität. Für mich war Stefan George Stern, Magnet und Verkündigung. In seiner Erscheinung begegnete mir nicht nur der Dichter, sondern der Seher:

Des sehers wort ist wenigen gemeinsam:
Schon als die ersten kühnen wünsche kamen
In einem seltnen reiche ernst und einsam
Erfand er für die dinge eigne namen –

Wo wäre der junge dichtende Mensch gewesen, den diese Proklamation nicht gefangen genommen hätte? Das Wort des Sehers, das wenigen gemeinsam ist und für die Dinge eigene Namen setzte, eine Art Geheimsprache, in der nichts verheimlicht wurde, das Geheimnis aber immanent blieb, mußte wie ein Lichtsignal in der Sprachverdüsterung der Zeit wirken. George las ich nicht wie andere Dichter, ich wurde zu ihm hingeführt. Ein junger Lyriker, kaum älter als ich selbst, der sich Helmut Maria Soik nannte, schenkte mir zum neunzehnten Geburtstag die von Friedrich Wolters besorgte Auswahl aus den Gedichten Georges, die in einer bescheidenen Ausgabe bei Ferdinand Hirt in Breslau erschienen war.

Diese erste Begegnung mit der Dichtung Georges wurde für mich wegweisend, allerdings ohne daß ich jenem Sektierertum verfallen wäre, das die latente Gefahr der unmittelbaren Jünger Georges bildete.

Die Erscheinung des Dichters schien mir die Verkörperung seines Wortes. Die Sehnsucht nach Inkarnation liegt wohl im Urgrund unserer Seele.

Im Christentum hat sich diese Sehnsucht im Dogma verdichtet. George selbst feierte das Mysterium der Inkarnation in seinem Maximin-Erlebnis, über dem immer der Schleier des Geheimnisses blieb. Wer es nur von der homoerotischen Sphäre her zu deuten versuchte, mußte es mißverstehen.

George wurde mir zum Leitbild:

Gemahnt dich noch das schöne bildnis dessen
Der nach den schluchten-rosen kühn gehascht.
Der über seiner jagd den tag vergessen.
Der von der dolden vollem seim genascht?

Das Bildnis gemahnte mich an die Gravüre von Curt Stoeving aus dem Jahre 1897, das den jungen George mit jenen strengen Zügen zeigte, die von fern an Dante erinnern. Das Bild hing in einem altgoldenen Rahmen und stets mit einem Mimosensträußchen geschmückt in meinem Zimmer. Eine befreundete Buchhändlerin hatte mir das seltene Blatt im Originalabzug geschenkt. Das Bild folgte mir sogar in die neue Heimat nach Jerusalem, wo es einmal ein peinliches Mißverständnis auslöste: ein dienstbarer Geist, unberührt von dem fernen Erbe einer deutschen Spätkultur, fragte arglos, ob dies eine Tante von mir sei.

Auch in München selbst wurde die feierliche Geste Georges, der übrigens im Privatleben sehr gelockert sein konnte und seinen rheinischen Dialekt stets beibehielt, zuweilen persifliert: so nannte man ihn in manchen Künstlerkreisen im Anklang an die bekannte Bierbrauerei Weihenstephan respektlos den »Weihestefan«.

George selbst konnte manchmal, wie man erzählte, humoristisch und zugleich bissig werden. So soll er bei einem Spaziergang in der Umgebung Münchens vor einem Misthaufen den Zylinder gezogen und das Bayerische nachahmend gesagt haben: »Grüß di Gott – Natur!« In diesem Scherz zeigte sich die Naturablehnung Georges, die aber eigentlich nur eine Ablehnung des Naturalismus war.

Als man ihn einmal nach seiner Stellung zur zeitgenössischen Lyrik fragte, antwortete er: »Die Namen dieser Autoren besagen alles: Holz, Schlaf, Dehmel und Flaischlen...« Das erinnert umgekehrt wieder an ein Wort von Ludwig Strauss: »An Orgel klingt George an, Rilke an Birke...«

Ich bin Stefan George nie begegnet, wohl aber seinem Statthalter in München, dem Dichter Karl Wolfskehl, dem ungekrönten König von Schwabing.

Wolfskehl, der zum innersten Kreise Georges gehörte, verließ Deutschland sofort nach Ausbruch des Dritten Reiches und ging über Florenz schließlich nach Neuseeland, wo er einsam im Exil starb. Er wuchs in den Jahren des Exils zu einer dichterischen Größe heran, die der seines Meisters George nicht nachsteht. Schon in seinen »Gesammelten Dichtungen« vom Jahre 1903, also genau dreißig Jahre vor der Katastrophe, hatte Wolfskehl seiner jüdischen Herkunft in dem Zyklus »An den alten Wassern« Ausdruck gegeben, wobei er in dem Gedicht »Vom Nebo« in der Gestalt des scheidenden Mose das eigene Schicksal vorausnahm:

Ich hätte gerne meine brüder herd
Auflodern sehen auf der heimatscholle.
Ihr tagwerk noch geweiht doch ich erkenne
Die dunklen wege die du mich geführt...

Genau dies traf auf Wolfskehl in Neuseeland zu, der den trübgewordenen Blick auf das Land der Verheißung richtete, auf Israel, ohne es zu betreten.

Die »Gesammelten Dichtungen« waren Stefan George gewidmet, den er den »Priester vom Geiste« nannte. Im Schicksalsjahr 1933 wurde Wolfskehl selbst mit seinem Gedichtwerk »Die Stimme spricht« zum Priester vom Geist, vom jüdischen Geist in der reinsten deutschen Sprache, die damals geschrieben wurde. Zu letzter Größe aber erwuchs Wolfskehl erst in der Emigration, in seinen gewaltigen Gesängen »An die Deutschen« und in dem postum erschienenen Schicksalsbuch »Hiob oder Die vier Spiegel«.

Dabei erinnerte mich Wolfskehl keineswegs an Hiob, den übrigens auch Margarete Susman als Gleichnisgestalt für das jüdische Volk gewählt hatte, sondern an den blinden Simson. Riesenhaft, mit schwarzer Mähne und fast erblindet, sehe ich Wolfskehl durch die Leopoldstraße in Schwabing ziehen. In die Ewer-Buchhandlung trat er einmal ein, um »Die Fackel« von Karl Kraus zu kaufen. Ich reichte ihm nichtsahnend das gewünschte Heft und erst etwas später wurde mir das Ungewöhnliche dieses Vorgangs bewußt. Denn Karl Kraus war der erklärte Antipode Georges und mir wurde der Zugang zu Karl Kraus sogar durch seine Feindschaft gegenüber Georges verbaut. Das entscheidende Erlebnis war eine Rezitation der Shakespeare-Sonette durch Karl Kraus im Steinicke-Saal in der Adalbertstraße, am Rande Schwabings. Kraus las seine eigenen Nachdichtungen meisterlich, stellte aber die Übertragungen Georges in hölzernem Leierton bloß, was zuweilen Heiterkeit im Hörerkreis auslöste. Ich empfand diese Methode als empörend, denn natürlich kann man jedes Gedicht durch ironische Interpretation lächerlich machen. Man nehme nur Goethes

Ach neige,
Du Schmerzensreiche...

und lese es in dem Frankfurterischen Dialekt des Dichters, der den unreinen Reim erst voll erklärt. Doch Gretchens Gebet zur Mater dolorosa bewegt unser Herz, auch wenn die Beterin frankfurterisch Hilfe vor Schmach und Tod erfleht.

Die Verfremdung der Sprache Georges, die Kraus zu Erhöhung des eigenen Werkes vornahm, empfand ich als ausgesprochen unfair. Ich konnte dieses Trauma nie überwinden. Monheit, der Leiter der Ewer-Buchhandlung, der ein begeisterter Krausianer war, versuchte mich immer wieder für den großen Satiriker zu erwärmen. »Die letzten Tage der Menschheit« übten zwar eine nachhaltige Wirkung auf mich aus und ich konnte mich auch nicht dem Zauber entziehen, der in den Einmann-Aufführungen von Karl Kraus von der Darstellung Nestroys und Offenbachs ausging, aber das Polemische seiner Natur blieb mir ganz wesensfremd. Seine Lyrik, die oft die reinsten und schönsten Töne anschlug, schien mir unter einer Schneedecke polemischer Ironie zu liegen.

Später wurde mir Kraus sogar noch fremder – durch seine bissige Ablehnung des Prager Dichters Max Brod, mit dem mich in späteren Jahren in Israel eine kostbare Freundschaft verband. Sein Artikel gegen Brod begann er mit den Worten: »Da lebt und webt in Prag ein Postbeamter...« (Max Brod war damals als Konzeptpraktikant in der Postdirektion Prag tätig). Was, fragte ich mich, hat das mit seiner dichterischen Produktion zu tun?

Die Ablehnung, mit den Kraus Brod und den Prager Kreis verfolgte, ging bis in die Persiflage der Namen, wobei sich die Antipoden Kraus und George darin begegneten – mit dem einzigen Unterschied, daß George solche Wortspiele nicht publizierte, während Kraus den »Taucher« von Schiller variierend schrieb:

Es kafkat und werfelt
und brodelt und kischt...

Zu Kafka sollte ich erst später durch Max Brod hingeführt werden, doch zunächst haben mich in den Jahren, von denen hier berichtet wird, die historischen Romane Brods, vor allem »Rëubeni«, »Tycho Brahes Weg zu Gott« und seine Bekenntnisbuch »Heidentum, Christentum, Judentum« mitgeformt.

Franz Werfel erlebte ich am tiefsten in seinem großartigen Drama »Paulus unter den Juden«, das zu den nachhaltigsten Theatererlebnissen meiner Jugend zählte, und in dem wunderbaren Symbolroman »Die Geschwister von Neapel«, während mir seine berühmtesten Werke, der Verdi-Roman und »Die vierzig Tage des Musa Dagh« fremd blieben. Egon Erwin Kisch lernte ich weniger als den »rasenden Reporter«, sondern als den Erzähler der »Geschichten aus Sieben Gettos« schätzen.

Doch zurück zu George: Der Einfluß seiner Dichtung war entscheidend für meine ersten eigenen lyrischen Versuche »Die Lieder des ewigen Brunnens« (1934) und »Das Mal der Sendung« (1935). Die erste Sammlung war im Verlag R. Löwit in Wien und Leipzig, die zweite in dem Münchner Verlag B. Heller erschienen, in dem auch die beiden jüdischen Zeitungen Münchens herauskamen, »Das jüdische Echo« und die »Bayerische israelische Gemeindezeitung«, deren Redakteur Dr. Ludwig Feuchtwanger war, der Bruder des bekannten Romanschriftstellers Lion Feuchtwanger.

Meinen beiden ersten Gedichtbänden stellte ich Worte Georges voran:

Mehr als zu jedem werke eurer gilde
Bin ich geschickt zum werke meines Herrn.
Da werd ich gelten, denn mein Herr ist milde.
Ich diene meinem milden Herrn.

Dieser Vers steht über den »Liedern des ewigen Brunnens«, während ich über »Das Mal der Sendung« ganz bewußt fünf Zeilen aus Georges »Neuem Reich« setzte:

Der sänger aber sorgt in trauer-läuften
Daß nicht das mark verfault. Der keim erstickt:
Er schürt die heilige glut die überspringt
Und sich die leiber formt. Er holt aus büchern
Der ahnen die verheißung die nicht trügt.

Im Zusammenhang mit meinen großteils biblischen Dichtungen erhielt diese Strophe Georges eine Bedeutung, die der offiziellen Interpretation diametral entgegengesetzt war. Für mich waren sie ein heimlicher Protest, der natürlich unbemerkt blieb. (Die Machthaber wußten selbst offenbar nicht, wie sie sich George gegenüber verhalten sollten: obwohl er als der Sänger des »Neuen Reiches« gepriesen wurde, beschlagnahmte die Gestapo bei einer Haussuchung in meiner Wohnung 1933 Georges »Der Teppich des Lebens«.)In meinen ersten Gedichtbänden war aber nicht nur der Einfluß Georges spürbar, sondern nicht minder der von Rilke – die Thematik freilich stammte vorwiegend aus dem biblischen Bereich, wobei bereits im zweiten Band das Neue Testament miteinbezogen wurde. In dem Zyklus »Der Rabbi von Nazareth« ist die Sicht Jesu angelegt, die ich über dreißig Jahre später in meinem Buch »Bruder Jesus« ausführte.

Den Gedichtbänden war 1933 »Das Messiasspiel« ein dramatisches Mysterium, vorangegangen (ebenfalls im Verlag B. Heller). Unverkennbar war hier das Vorbild von Hofmannsthals »Jedermann«. Das Spiel, das um die Sendung Israels kreist, erlebte, soweit mir bekannt wurde, nur in Danzig eine Aufführung durch eine jüdische Laienspielgruppe.

Meine ersten literarischen Gehversuche aber reichen bis in das Jahr 1931 zurück. Damals hatte ich »Martin Buber, dem Weisenden« meinen Legendenkreis »Die seltsame Gemeinde« gewidmet. Die Abhängigkeit von Bubers chassidischen Erzählungen ist spürbar, ohne daß es mir gelungen war, die pointierte Konzentration der Buberschen Gleichnisse auch nur annähernd zu erreichen.

Ich schäme mich nicht, rückschauend der Vorbilder zu gedenken, die mich auf den ersten Wegen dichterischer Gestaltung leiteten. Dichtung ist ohne Tradition nicht denkbar. Die Weitergabe des Wortes gehört zu ihrem innersten Wesen. Der Empfangende nimmt das Erbe in seine noch zitternden Hände, die es zu formen beginnen. Ich glaube nicht an ein vorbildloses Beginnen in einer durch Jahrhunderte gewachsenen Literatur und schließe mich somit Mephistopheles an, der dem Baccalaureus im Zweiten Teil des »Faust« nachruft:
Original, fahr hin in deiner Pracht! –
Wie würde dich die Einsicht kränken:
Wer kann was Dummes, wer was Kluges denken,
Das nicht die Vorwelt schon gedacht?
Max Brod brachte noch in reifen Jahren die Größe auf, sich darüber zu freuen, wenn er in einem Buch einen Gedanken formuliert entdeckte, den auch er selbst gefunden und ausgesprochen hatte. Er sah darin nur eine Bestätigung für die Richtigkeit seiner Erkenntnis.
In der hebräischen Literatur war es übrigens durch die Jahrhunderte hindurch Ehrgeiz der Autoren, die großen Vorbilder biblischer Erzählung, Prophetie und Spruchdichtung in den Duktus des eigenen Stils einzubeziehen. Der neuhebräische Klassiker Chaim Nachman Bialik sprach in diesem Zusammenhang von den unsichtbaren Bibelversen im Hintergrund der Sprache.
Es gibt auch in den großen europäischen Literaturen diese unsichtbaren Urworte der Dichtung im Hintergrund der Sprache. Das wurde mir einmal bewußt, als ich in Klaus

Manns schönem Tschaikowsky-Roman »Symphonie Pathétique« mehrmals die Formulierung fand: »Der Tag ohne dich ist die Sünde.«

Das ist eine Zeile von George, sie war aber so in die Substanz von Klaus Mann eingegangen, daß er das Wort des Dichters nicht mehr als Zitat empfand, sondern als eigene Aussage nachformulierte.

Wo ist die Grenze zwischen Tradition und Plagiat? Nicht immer ist sie ganz leicht zu bestimmen. Bewußtes Abschreiben gehört zur niedrigsten Form des Diebstahls und ich bin der Überzeugung, daß geistiger Diebstahl schlimmer ist als materieller, denn wer dem anderen Geld oder Gut entwendet, kann es ihm zurückerstatten. Wer aber das geistige Eigentum eines anderen gestohlen hat und diesen Raub publiziert, kann diesen Schaden nicht wieder gutmachen.

Die Weisen Israels haben diesen Sachverhalt sehr wohl erkannt. So lesen wir im Traktat »Sprüche der Väter«: »Wer eine Sache im Namen dessen, der sie gesagt hat, weitergibt, bringt Erlösung in die Welt.«

Man muß den Mut haben, diesen Satz umzudrehen: Wer eine Sache nicht im Namen dessen weitergibt, der sie gesagt hat, der verhindert die Erlösung der Welt.

Ich habe in späteren Jahren oft unter Plagiaten zu leiden gehabt, vor allem auf dem Gebiet meiner neutestamentlichen Forschungen. Andere schrieben die Ergebnisse jahrelangen Nachdenkens bedenkenlos ab. Eine junge Frau bekannte mir einmal mit entwaffnender Naivität, daß ihr meine Gedanken so tief unter die Haut gegangen seien, daß sie ihre eigenen Gedanken wurden.

Hier verläuft nun die so schwer zu bestimmende Grenze. In der Dichtung verhält es sich aber nicht ganz so wie in der Forschung. Form und Melos der Meister werden zur Richtschnur der Kommenden.

Lieben und Verehren als die Grundeigenschaften des jungen Menschen, von Max Brod in seinem unvergeßlichen Bildungsroman »Stefan Rott oder das Jahr der Entscheidung« (1931)

hervorgehoben, galten und gelten mir als unveräußerlich. Nur wo Liebe und Verehrung gegenüber den Meistern Geist und Seele des Anfängers bewegen, kann ein Durchbruch zu eigener Gestalt und Gestaltung ohne Bruch mit dem Bleibenden erfolgen.

»Das Bleibende« ist der Titel eines ergreifenden Gedichtes von Franz Werfel, das mit den Zeilen schließt:

Ihr Völker der Erde, mich rührt
Das Bleibende, das ihr vollführt.
Ich selbst, ohne Volk ohne Land,
Stütz nun meine Stirn in die Hand.

Es waren die Worte eines jüdischen Dichters in der Emigration: ohne Volk, ohne Land.

Ich selbst suchte den Rückweg zu Volk und Land, aber das Bleibende war mir zugleich aus anderem Volk und anderem Land zugekommen. Ich empfand die Spannung frühzeitig, wenn auch noch nicht mit der Schärfe, die mir erst in den Jahren der Verfolgung aufging, als ich über meinen dritten Gedichtband »In dieser Zeit« zwei Zeilen von Ernst Lissauer setzte:

Du, der die Sprache seiner Feinde liebt
Mit jeder Silbe hältst du dir Gericht!

Noch war es nicht die Sprache der Feinde, und feindliche Sprache ist mir das Deutsche auch nie geworden. Ich glaube nicht an feindliche Sprachen.

Als man in Palästina in den Jahren des Zweiten Weltkrieges einen Kampf gegen die deutsche Sprache führte, die als Sprache Hitlers, dieses miserablen deutschen Stilisten diffamiert wurde, erinnerte ich an die schöne talmudische Legende, die davon spricht, daß Gott seine Offenbarung am Sinai in den siebzig Sprachen der Völker erschallen ließ. Das soll heißen: in allen Sprachen.

Jedes echte Menschenwort trägt das Echo vom Worte Gottes in sich, ist zeitliche Antwort auf ewigen Anruf.

Das mag manchem als theologischer Überbau über einen vorgegebenen, biographisch bedingten Sachverhalt erscheinen; es ist aber die nachträgliche Erkenntnis einer sich vollziehenden Wirklichkeit.

Hatten mir George, Rilke und Hofmannsthal das Ohr für die Musik des Wortliedes erschlossen, so war es vor allem Thomas Mann, der mich den Atem der Epik lehrte.

Man muß Thomas Mann nicht nur gelesen haben, um das ganz mitzuerleben, man muß ihn gehört und gesehen haben, wenn er aus noch unvollendeten Werken las, im Auditorium Maximum der Universität oder im intimeren Rahmen der Cherubin-Säle. Wie ein Pianist, der leicht über die Tasten gleitet, so ließ er die Akkorde seiner langen Satzperioden erklingen. Erst bei solcher Lesung wurde die innere Struktur dieser oft erstaunlichen Satzgebilde durchsichtig.

Es ist ein Glück, daß manche dieser Lesungen auf Schallplatten erhalten sind, aber die Platte kann doch nur einen schwachen Widerhall der Begegnung mit dem lesenden Dichter vermitteln. Die Gestalt gehört dazu, der skeptisch-ironische Ausdruck des Lesenden, der oft mit hochgezogenen Brauen, über die Brille hinweg, wie in verständnisvoller Verschwörung auf seine Zuhörer blickte, die professorale Haltung, mit der sich der Schweifende vor sich selbst und der Welt abzusichern mühte; das alles wirkte zusammen in einem souveränen Spiel von Ton und Geste, Phonetik und Mimik, das sich zu einmaliger Ganzheit zusammenschloß.

Persönlichkeit, höchstes Glück der Erdenkinder, wurde uns an solchen Abenden erlebbar.

Persönlichkeit? Martin Buber ließ, wie gesagt, darüber keinen Zweifel, daß Persönlichkeit ebensowenig wie Gemeinschaft als Ziel angestrebt werden könne. Persönlichkeit oder Gemeinschaft entstehen immer nur als die edlen Nebenprodukte der Hingabe an ein Werk, eine Aufgabe, eine Pflicht, ein Ziel.

Thomas Mann war sich von Jugend auf der Anfälligkeit der Künstlerpersönlichkeit voll bewußt. Schon 1903 notierte er in seiner Novelle »Tonio Kröger«: »Man ist als Künstler innerlich Abenteuerer genug. Äußerlich soll man sich gut anziehen, zum Teufel, und sich benehmen wie ein anständiger Mensch.«

Sein ganzes Leben hielt sich Thomas Mann an diese Maxime. Auch Entwurzelung und Emigration konnten daran nichts ändern. Er selbst konnte nicht ahnen, wie sehr auf sein späteres Leben die Erkenntnis zutraf, die er 1911 im »Tod in Venedig« ausgesprochen hatte: »Alles Große, was dasteht, steht als ein Trotzdem da, trotz Kummer, Qual und Armut, Verlassenheit, Körperschwäche, Laster, Leidenschaft und tausend Hindernissen zustande gekommen.«

Da stand es nun da in seiner Fraglosigkeit, das gewordene Werk, hinter dem alles Trotzdem ins Wesenlose versunken war. Und der Schöpfer solch mühseliger Unternehmung, dem man nichts anmerkte von den Qualen des Werdens, stand leibhaftig vor uns: ganz Repräsentant. Thomas Mann war zur Repräsentanz geboren. Daß dies in den späten Jahren eine eminent politische Bedeutung annehmen sollte, war ihm in den Münchner Tagen wenig bewußt. Lange hatte er sich für einen Unpolitischen gehalten, wollte sich in Geist und Kunst geradezu absichern. Es ging nicht. Der Repräsentant wurde herausgefordert und stellte sich.

Das ging uns freilich erst ahnungsweise auf, dem Dichter selbst und seinen Hörern. Noch schwelgte man im Genuß einer reinen Geistigkeit, der Thomas Mann ein solides Sprachgebäude errichtete. Das Zittern der Nadel am Seismographen, das ein nahendes Erdbeben anzeigte, war schon zu bemerken. Aber bemerkten wir es?

Sollte dieses Erdbeben auch den Bau des Wortes zum Einsturz bringen?

Die Mächtigkeit des Geistes, wie Buber es einmal formulierte, behauptete sich gegenüber den Mächten. Unter Opfern, unter Schmerzen, unter unsagbaren Verlusten – und dennoch siegreich.

Thomas Manns schöne Villa im Herzogpark in München an der Poschinger Straße steht nicht mehr.

Aus München, wo der Lübecker seßhaft geworden war (aber was ist Seßhaftigkeit, wenn die Grundfesten der Zivilisation wanken?), führte der Weg über die Schweiz nach Amerika und wieder in die Schweiz zurück. Hier ist nicht der Ort, die Stationen unfreiwilliger Wanderungen aufzuzählen, wohl aber die Kraft der Stimme zu preisen, die nicht verstummte, als das Wort des deutschen Humanismus rar geworden war. Während ich Thomas Mann in München nur mit scheuem Respekt gegenüberstand, wie hätte es anders sein sollen, entspann sich später zwischen Kalifornien und Jerusalem eine Briefbeziehung, deren Niederschlag ich dankbar bewahrt habe. Die Geburtstage des Dichters regten mich zu größeren Darstellungen seines Werkes an. Es konnte keine wesentlichere Bestätigung für mich geben, als die Thomas Manns selbst, als er mir am 10. August 1945 bescheinigte, daß mein Geburtstagsartikel zum menschlich und literarisch Schönsten gehörte, das ihm in diesen Wochen um seinen siebzigsten Geburtstag vor Augen gekommen war.

Es gehört zu den verhängnisvollen Folgen des griechischen Denkens für die europäische Kultur, daß es Geist und Körper voneinander trennte. In einem späteren Buch »Der dreidimensionale Mensch« (1972) habe ich von der hebräischen Bibel her auf diese Fehlentwicklung hingewiesen.

In der Persönlichkeit des geistigen Menschen aber ist mir diese Einheit frühzeitig aufgegangen. Wenn ich Beispiele dafür zu wählen hätte, würde ich keinen Augenblick zögern, Thomas Mann als den Repräsentanten des deutschen Geistes und eines abendländischen Humanismus deutscher Prägung zu bezeichnen und Martin Buber als den Repräsentanten des jüdischen Geistes, eines hebräischen Humanismus... allerdings in deutscher Sprache, die oft deutscher war als die der deutschesten Dichter.

Das zeigte sich vor allem auch in Bubers Bibelübersetzung, die er »Verdeutschung der Schrift« nannte. In dem Zurückgehen auf archaische Formen der biblischen Diktion griff Buber zu germanischen Ausdrücken, die in der gesprochenen Sprache seiner Zeit längst nicht mehr zu finden waren. Sein Mitarbeiter Franz Rosenzweig hielt es übrigens nicht anders, als er die Hymnen und Gedichte des Jehuda Halevi in ein oft absonderliches Deutsch übersetzte. Im Nachwort rechtfertigte er sich mit den Worten: »Jehuda Halevi war kein deutscher Dichter und kein Zeitgenosse.«

Aber indem sich Buber der Glätte der Sprache begab, holte er das Urgestein hebräischen Erlautens wieder ans Licht.

Wir waren verwirrt, als Buber erstmalig in München aus seiner Übersetzung der Genesis las. Die Erde war nicht mehr wüst und leer, wie uns dies so selbstverständlich war: »Die Erde aber war Irrsal und Wirrsal. Finsternis über Urwirbels Antlitz. Braus Gottes schwingend über dem Antlitz der Wasser.«

Buber las rhythmisch, aber nicht pathetisch, die Wiener Klangfarbe war unverkennbar.

Da stand er nun, der kleine untersetzte Mann mit dem wehenden Prophetenbart, eine Mischung von chassidischem Rabbi, deutschem Professor und im tiefsten Dichter.

Das Dichterische in Buber lag mit der Philologenstrenge in einer Urfehde, die nie ganz bereinigt wurde.

In Buber war die Verantwortung vor dem Wort Gestalt geworden. In seinem Gedicht »Bekenntnis des Schriftstellers« hat er dieser Lebenssendung Ausdruck gegeben:

Ich bin einst mit leichtem Kiele
Ums Land der Legende geschifft,
Durch Sturm der Taten und Spiele,
Unlässig den Blick nach dem Ziele
Und im Blut das berückende Gift —
Da ist einer auf mich niedergefahren,
Der faßte mich an den Haaren
Und sprach: Nun stelle die Schrift!

Es gehört zu den unwiederbringbaren Begegnungen der Geistesgeschichte, daß der Geist des Judentums sich im Dämmer eines Unterganges noch einmal so gewaltig in deutscher Sprache inkarnierte.

Wenn Buber einmal ironisch von sich sagte: »Ich bin ein polnischer Jude...« (im Nachwort zu »Gog und Magog«, 1949), so ist das nur bedingt richtig. Buber wurde in Wien geboren, verlebte dann allerdings seine Knabenjahre in chassidischer Atmosphäre, im Hause des Großvaters, des bekannten Midraschforschers Salomon Buber, der in der Nähe Lembergs lebte. Obwohl dort das Jiddische vorherrschte, wurde doch auch vor allem durch die Großmutter die deutsche Sprache in diesem Hause liebevoll gepflegt. Über diese Großmutter schreibt Buber in seinen autobiographischen Fragmenten »Begegnung« (1960): »Sie war in einer Galizischen Kleinstadt aufgewachsen, wo bei den Juden das Lesen ›fremden‹ Schrifttums verpönt war, für die Mädchen aber alle Lektüre, mit Ausnahme erbaulicher Volksbücher, als unziemlich galt. Fünfzehnjährig hatte sie sich auf dem Speicher ein Versteck eingerichtet, in dem Bände von Schillers Zeitschrift ›Die Horen‹, Jeans Pauls Erziehungsbuch ›Levana‹ und manche andere deutsche Bücher standen, die von ihr heimlich und gründlich gelesen wurden.«

Die deutsche Sprache wuchs Buber in seinen Studienjahren in Wien, Leipzig, Zürich und München zu innerstem Besitz zu. Die Ehe mit der deutschen Schriftstellerin Paula Winkler, Tochter eines Münchner Baumeisters, vertiefte noch die deutsche Sprachgebundenheit Bubers.

Paula Buber veröffentlichte unter dem maskulinen Pseudonym Georg Munk frühzeitig schöne Legenden wie »Die unechten Kinder Adams« und in späten Jahren zwei bedeutende Romane »Am lebendigen Wasser« (1952) in einem goethischen Deutsch und »Muckensturm« (1953), eine ironische Chronik der Vorgänge in dem Städtchen Heppenheim an der Bergstraße, in welchem Buber mit seiner Familie bis zur Übersiedlung nach Jerusalem (1938) lebte.

Als Denker, als dialogischer Denker, begegnete mir Buber 1930 zum ersten Male, als er auf der bereits erwähnten Tagung der Jüdischen Jugendvereine in der Münchner Tonhalle sein Referat »Wie kann Gemeinschaft werden?« hielt. Ich betreute bei dieser Veranstaltung den Büchertisch der Ewer-Buchhandlung und erlebte so Buber auch im Gespräch. Aber erst in den Jerusalemer Jahren kam ich ihm wirklich nahe. Davon habe ich in meinem Buch »Zwiesprache mit Martin Buber« (1966) Zeugnis abgelegt.

In späteren Vorträgen Bubers in München: »Die Lehre und die Tat« und »Gottesdienst und Andacht« erschloß sich mir seine Persönlichkeit immer tiefer und reiner. (Diesen letzten Vortrag hielt Buber übrigens in der schönen Hauptsynagoge in München. Buber lehnte es ab, von der Kanzel zu sprechen, da ihm alle konstitutionelle Form des Kultes wesensfremd war.)

Das »wesenhafte Erlebnis«, um dieses schöne Wort Max Brods zu gebrauchen, blieb für mich dabei der Sprecher selbst, in dem ich wieder dieser Einheit von Wort und Gestalt begegnete, die mich bei Stefan George und bei Thomas Mann überwältigt hatte.

Vielleicht wird von hier aus verständlich, daß an sich heterogene Geister so tief auf den suchenden jungen Menschen einwirken konnten.

Die Brücke zwischen der Dichtung, dem Geist und der Botschaft des Glaubens schlug für mich Max Brod, der Prager Dichter und Denker, dem ich 1934 in seiner Heimatstadt, dem goldenen Prag, zum ersten Male begegnen durfte und mit dem mich später in Israel eine beglückende Freundschaft verband.

Max Brod wird heute von seinem Lebensfreund Franz Kafka verdunkelt, aber in mein Leben trat Brod viel früher ein als Kafka, in dessen Symbolwelt auswegloser Verstrickung mich erst Brod selbst führte.

Es waren vor allem zwei Bücher Max Brods, die mich formten. Sein Renaissance-Roman »Rëubeni, Fürst der Juden«, und sein Bekenntnisbuch »Heidentum, Christentum, Judentum«, die im Kurt-Wolff-Verlag in München 1922 in zwei Bänden erschienen waren.

Im »Rëubeni« wurde mir ein Grundakkord der jüdischen Geschichte, der Messianismus, in der schillernden Gestalt dieses Rëubeni sichtbar, den Brod in freier Phantasie in das Prager Getto versetzte. Die tragische Gestalt seines Jüngers Salomo Molcho, der mit seinem Meister ins Verderben geht und auf dem Scheiterhaufen der Inquisition endet, wurde mir durch Brods Erzählkunst zum eigenen Weggefährten.

In dem Bekenntnisbuch »Heidentum, Christentum, Judentum« aber war es die Theorie vom edlen und unedlen Unglück, die mir wichtige Denkanstöße vermittelte. Für Brod ist die mit uns geborene Endlichkeit und Vergänglichkeit edles Unglück, die Untat aber, die dem Menschen vom Menschen zugefügt wird unedles Unglück. Sich unter das edle Unglück beugen und dem unedlen Unglück die Stirn bieten, ist jene Haltung zwischen Heidentum und Christentum, die Brod für das Wesen des Judentums hielt.

Es ist zu bedauern, daß dieses Werk Brods auf die kommenden Generationen nicht so gewirkt hat, wie es ihm angemessen gewesen wäre. Auch spätere Kurzfassungen, wie »Das Diesseitswunder«, konnten dem Buch zu keinem Durchbruch verhelfen. Erst postum erlebte das Werk 1971 eine amerikanische Übersetzung – fast fünfzig Jahre nach Erscheinen der Originalausgabe.

Noch bevor ich Max Brod kennenlernte, befaßte ich mich besonders eingehend mit seinem so überaus ausgebreiteten Werk und so schrieb ich zu seinem fünfzigsten Geburtstag eine umfangreiche Studie, in der ich ihn als Dichter und Philosoph des neuen Judentums feierte! Nur ein kleiner Auszug aus dieser ersten Gesamtdarstellung Max Brods, die Analyse seiner Novellen, konnte 1934 in der Festschrift zum fünfzigsten Geburtstag Max Brods »Dichter, Denker, Helfer« erscheinen. Erst 1969, ein Jahr nach dem Tode Max Brods, veröffentlichte ich den vollständigen Text dieser Jugendarbeit in einem Gedenkbuch für Max Brod, das Hugo Gold in Tel Aviv herausgab.

Warum erzähle ich das? Weil es ein seltenes Glück ist, wenn die Fixsterne der Jugend auch in den Jahrzehnten unserer Wandlungen ihren Glanz nicht verlieren. Mit George darf ich bekennen:

Was ich noch sinne, was ich noch füge
Trägt die selben züge...

Etwas später, in den frühen dreißiger Jahren, begegnete ich einem deutschen Dichter, dessen Sprache mich besonders bewegte. Es war Ernst Wiechert. Sein Roman »Die Magd des Jürgen Doskocil« ließ mich aufhorchen. Das Buch erschien 1932, sozusagen am Vorabend der Katastrophe. Es ist nach dem Kriege 1949 nochmals herausgekommen, aber ich weiß nicht, ob sich dem Ohr einer späteren Generation die Melodie der Sprache Wiecherts ganz erschloß. Sein spätes Werk »Missa Sine Nomine« (1950) blieb für mich ein Gipfel der Sprache. Wiecherts Sprache hat manches gemeinsam mit der Hans Carossas und doch fühlte ich, wo das nahtlos Echte antönt und wo das Wort spielerisch verwaltet wird, ohne zur letzten Verantwortung zu führen.

Am Leben dieser beiden deutschen Dichter wurde das überdies exemplarisch klar. Carossa konnte den Verlockungen des Dritten Reiches nicht widerstehen, während Wiechert *wirklich* in die innere Emigration ging (es ist dies der einzige Fall, der mir bekannt wurde), mußte aber auch die Bekanntschaft mit dem Konzentrationslager Buchenwald (1938) machen.

Für einen Dichter seiner Art war die Versuchung besonders groß. Er brachte alles mit, was damals gesucht wurde, jene Heimatverbundenheit und jene Bindungen an Volkstum und Herkunft, die von den Herrschenden – mißbraucht wurden. Er aber wußte, wo die Grenze verlief. Sie ging mitten durch sein Herz. Er hat es mit den Worten Goethes in seiner »Rede an die deutsche Jugend« 1945 bekannt:

Komm, wir wollen dir versprechen
Rettung aus dem tiefsten Schmerz...
Säulen, Pfeiler kann man brechen,
Aber nicht ein freies Herz.

Wiechert hatte solch ein freies Herz, das nicht zu brechen war. Ich danke ihm die Befreiung meines Herzens in schwerster Zeit. Deshalb will ich hier, wo ich von den Fixsternen meiner Jugend spreche, dieses Dichters gedenken, den ich 1934 in Bernried am Starnberger See besuchte.

Vorher aber muß ich seiner Rede »Der Dichter und die Zeit« gedenken, die er vor den Münchner Studenten im Auditorium Maximum hielt. Ich hörte sie mit angehaltenem Atem und sah, wie sich die Stirnen mancher Hörer in Parteiuniform umwölkten und wie sich das Unheil über dem Haupt des mutigen Sprechers zusammenzog. Kurz vorher hatte ich an derselben Stelle etwas ähnliches erlebt.

Der Jesuit Erich Przywara, Herausgeber der »Stimmen der Zeit«, sollte eine Vorlesung, ebenfalls im Auditorium Maximum über das Christlich-Heroische halten. Es kam nicht dazu. Über den Einleitungssatz hinaus ließ ihn die akademische Meute nicht zu Worte kommen, brüllte ihn nieder, verwandelte den Hörsaal in einen Hexenkessel. Der feingliedrige, schmächtige Mann verbeugte sich lächelnd und trat vom Katheder ab.

Soweit kam es bei Wiechert nicht, aber man spürte, daß die Atmosphäre mit feindlichen Strömen geladen war. Auch Wiechert spürte es, aber er ließ es sich nicht anmerken.

Dieses mutigen Dichters und meines Besuches bei ihm gedachte ich 1947 in dem Beitrag, den ich für eine Festschrift zum sechzigsten Geburtstag Wiecherts schrieb:

»Der böse Sommer war ins Land gegangen, der Sommer des Unheilsjahres 1933. Verändert hatte sich das Antlitz der Stadt, in welcher ich geboren war: ich und meine liebe Mutter, in der der Vater und des Vaters und der Mutter Eltern begraben lagen, die Stadt, deren Glocken mir den Traum der Kindheit eingeläutet hatten. Feindlich standen sie nun gegen mich, die Heimatstadt und das ganze Land, dessen Sprache ich noch in den Träumen redete, dessen Winde mir durch das Haar geweht hatten, dessen Menschen mir vertraut waren in der innersten Kammer des Herzens. Freunde und Jugendgespielen schielten feige zur Seite, wenn ich ihnen in den fremd gewordenen Gassen begegnete, und die offenen Feinde blickten mir ins Gesicht, als wollten sie ausspeien vor dem verhaßten Blut. Und dann holten sie mich, und die Türe des Polizeigefängnisses schloß sich hinter mir – niemand sagte:

warum und auf wie lange. Wilde Fäuste von Männern, die ein wahnwitziger Haß gegen meinesgleichen jagte, schlugen auf mich ein, als wollten sie das Ebenbild Gottes dort zerstören, wo sie es nicht wahr haben durften: im Menschen der geächteten Rasse.

Ich hatte es einem Freunde zu verdanken, einem Freunde, den wahrscheinlich auch der Zweite Weltkrieg umgebracht hat, daß ich nach wenigen Tagen das Gefängnis wieder verlassen durfte. Mit verschwollenen Fingern unterschrieb ich einen amtlichen Wisch, demgemäß ich in der Haft gut behandelt worden war. Damals gesellte sich zum Verbrechen noch die Heuchelei, die man später wie eine lästige Maske fallen ließ.

Es litt mich nicht mehr lange in der Stadt. Wieder und wieder kamen die Häscher in ihren schwarzen Uniformen in meine Wohnung, zerrten mich aus dem Bett, durchsuchten Schreibtisch und Spind des jungen Studenten, als verwahrte er die Aufmarschpläne der Revolution, schnüffelten in Büchern und Papieren herum und stellten planlose Verhöre mit mir an, die böse an den Nerven zu zerren begannen. Ich erschrak, so oft es an der Haustür klingelte, und wie im Selbstgespräch mußte ich vor mich hinsagen: ›Jetzt holen sie dich wieder.‹

Man hatte mir den Reisepaß fortgenommen, so daß an eine Flucht ins Ausland nicht zu denken war – aber aus der Stadt konnte man fliehen, irgendwohin, wo es still war und die Hoffnung bestand, daß die Schwarzen nicht nach mir fragen würden. So fuhr ich an den Starnberger See und mietete mich bei braven Bauersleuten in Bernried auf ein paar Wochen unter falschem Namen ein: Norbert Franz. Man gab mir eine trauliche, niedere Stube direkt unter dem schiefen Schindeldach. Die Wände des Zimmers waren mit dunkelgetöntem Holz verkleidet, das ein Sims säumte, auf dem große grüne Äpfel für den Winter aufgereiht lagen. Der starke, herbe Duft dieser Früchte erfüllte meine Kammer. Und noch heute – unter dem fernen Himmel der heiligen Stadt Jerusalem, in der ich längst heimisch geworden bin, wie es meine Urväter vor Zeiten waren – sehe ich die Bauernstube von Bernried vor mir, wenn ich den Geruch nicht ganz ausgereifter Äpfel einziehe. Ein mächtiges Bett mit schweren, rotkariert bezogenen Federkissen stand in der Ecke, und am Fenster hatte ich einen etwas wackeligen rohen Tisch, auf dem das Buch lag, das mich auf meiner traurigen Sommerreise begleitete. Es war dies der schöne Roman von Ernst Wiechert: ›Die Magd des Jürgen Doskocil‹. Rein klang mir in diesem Buche die Muttersprache, die jetzt so elend mißhandelt wurde von den schlechtesten Stilisten, die sich zu Wortführern aufgeworfen hatten, ohne jemals auch nur einen Hauch von der Heiligkeit und Kraft des Wortes verspürt zu haben. Hier aber schrieb ein Dichter noch oder wieder deutsch, und im Hintergrund seiner Sprache standen Sätze und Verse von Goethe und Hölderlin, von Mörike und Matthias Claudius: – die reiche Fülle dessen, was wir Deutschland genannt hatten. Das Rauschen der ostpreußischen Wälder aus Wiecherts engerer Heimat vermischte sich dem Lesenden mit dem Rauschen der Bäume unter meinem Fenster, von dem ich über die stets wechselnde Fläche des Starnberger Sees blicken konnte, an dessen jenseitigem Ufer der Dichter selbst in dem Dörfchen Ambach wohnte. Ich hatte das gütigernste Gesicht des Mannes gesehen, um dessen schmallippigen Mund ein feiner Zug gemischt aus Ironie und Leiden lag, und ich hatte seine Rede an die Jugend gehört im Auditorium Maximum der Universität, die nun auch bald den ›nichtarischen‹ Schülern ihr akademisches Bürgerrecht aufsagte. Scheu und verstohlen, wie einer, der nur mehr als Zaungast der Wissenschaften geduldet wird, saß ich in einer hintersten Reihe des großen Saales und hörte die Stimme Ernst Wiecherts, eine sehr einsame Stimme inmitten dieser Zeit, die sich aufs Brüllen verstand wie kaum je eine andere. Die Männer der Macht hätten den Dichter gern auf ihren Schild gehoben, er aber redete ihnen nicht zum Munde – sondern zum Herzen redete er, zu den jungen törichten Herzen, die er zurückrufen wollte von heilloser Verwirrung und zu den zertretenen Herzen allenthalben im Lande, zu denen sonst keiner mehr öffentlich zu sprechen wagte. Wiechert hat später selbst in seinem Buch vom ›Totenwald‹ davon erzählt, wie die Mächtigen auf sein Wort reagierten, aber es hatte doch manche Weile, bis man diesen halb humoristischen Jeremias in die Zisterne warf, um sein leidig gewordenes Wort besser überhören zu können. Jetzt log ihn die Presse noch um zum Dichter des ›Neuen Deutschland‹. In zahllosen Artikeln schmeichelten ihm die kleinen Fürsten dieser entarteten Welt, daß er ihnen zu Willen sein sollte.

Und dennoch hörte das feine Ohr der Geschlagenen, daß diese Stimme nicht lügen würde, einfach weil sie nicht lügen konnte. – Das gab mir den Mut, dem Dichter zu schreiben und ihm meinen Besuch anzukündigen. Er ließ mich wissen, daß er nachmittags im allgemeinen frei sei und Besuche empfangen könne. Ich nahm mir ein Ruderboot und fuhr langsam an einem heißen, wolkenlosen Sommertag, etwa um die vierte Stunde des Nachmittags, von Bernried hinüber nach Ambach. Wir begegneten einander im – Wasser. Etwa fünfzig Meter vom Ufer entfernt sah ich Wiechert aus den Wellen auftauchen, sonngebräunt und triefend, dem Badevergnügen hingegeben. Unter diesen Umständen mußte es bestimmt lächerlich wirken, daß ich in meinem Kahn zeremoniös aufstand (wobei ich halb das Gleichgewicht verlor) und mich verbeugend sagte: ›Habe ich die Ehre mit Herrn Wiechert?‹ – ›Derselbe bin ich‹, sagte der Schwimmer und reichte mir die nasse Hand ins Boot. Ich stellte mich vor, und der Dichter schwamm mit ein paar kräftigen Stößen neben meinem Kahn her zum Ufer zurück. Wir ließen uns im Garten seines Hauses nieder, wo er ein Fernrohr aufgestellt hatte, und es gelang Wiechert sofort, die Fremdheit und Scheu des Zwanzigjährigen zu zerstreuen; er sprach wie mit einem Gleichaltrigen und Längstbekannten. Von seinen Büchern kamen wir auf zeitgenössische Romane zu sprechen. Ich erwähnte Thomas Mann und Kolbenheyer, der ihm aber ganz fremd und ungenießbar war. Hingegen rühmte er freimütig den streng geächteten Jakob Wassermann. Auch das war in diesen Zeitläuften ein Bekenntnis (einem fremden Menschen gegenüber!), zu dem Mut gehörte, diese besondere und seltenste Art von Mut, für die es nur das Fremdwort ›Civilcourage‹ gibt.

Nach einer Stunde aufgeschlossenen Gesprächs, in dem von Menschen und Büchern und der nie durch Routine behebbaren Mühe des Dichters, der immer wieder ganz von vorne anfangen muß, die Rede war, schieden wir, und ich ruderte, fröhlicher, als ich gekommen, zurück nach Bernried. Ich hatte einen Menschen in der Wüste gefunden, einen Menschen, in dem *das* Deutschland lebte, an das ich geglaubt hatte.

Wiechert gestattete mir, dem Anfänger, ihm etwas von meinen Versen zu schicken, und ich sandte ihm ein kleines lyrisches Drama, ›Der Tod des Casanova‹, das sicher noch allzusehr unter dem Einfluß Hugo von Hofmannsthals stand, den ich damals von allen Dichtern wohl am höchsten verehrte und liebte. Wie glücklich war ich, schon wenige Tage später einen Brief Wiecherts vorzufinden, den ich treu bewahrt habe. Er schrieb: ›Sehr geehrter Herr Franz, ich habe gelesen und bin über Erwarten erfreut von dieser Probe. Ich finde es in Sprache, Zartheit der Anlage und Durchführung, Innerlichkeit und ›poetischer Substanz‹ nicht vollkommen, aber schön und für die Zukunft vieles verheißend. Möchten Sie etwas Mut aus dieser Beurteilung gewinnen!

Mit allen guten Wünschen Ihr Ernst Wiechert.‹

Ich gewann wirklich Mut aus diesen Zeilen des Dichters, denn es war schwer, in diesen Tagen noch die Kraft zur Arbeit am Wort aufzubringen.«

Diesen Beitrag veröffentlichte ich 1947, als wir den Kontakt bereits wieder aufgenommen hatten. Dabei hatte sich der Maler Alf Bachmann als hilfreich erwiesen, denn er, der in der Nähe Wiecherts wohnte, brachte dem inzwischen auf Hof Gagert wohnenden Dichter meine erste Postkarte. Zunächst stellte sich aber in unserer Korrespondenz ein Mißverständnis ein, denn Wiechert vermutete in mir einen ehemaligen Schüler aus dem Hufengymnasium in Königsberg, der ebenfalls meinen ursprünglichen Namen Rosenthal führte. Am 11. November 1946 korrigierte nun Wiechert das Mißverständnis: »Ja, ich habe sogar eine undeutliche Vorstellung von Ihrer Erscheinung und sogar von Ihrem Manuskript.« Sofort lud er mich ein, an der Festschrift mitzuarbeiten, die der Kurt Desch-Verlag für ihn herausbringen wollte. Der Aufsatz, den ich lieferte, freute ihn: »Lassen Sie mich noch sagen, daß Ihr Brief und Ihr Beitrag deswegen besonders wertvoll sind, weil sie ein Zeichen sind, daß nicht alle von Ihnen ihr begreifliches Gefühl auf das ganze Volk ohne Unterschied ausdehnen. Sie sind nicht der einzige, aber im ganzen sind es wenige, und ich kann auch den anderen die Berechtigung ihres Gefühls nicht absprechen. Aber es wird mit unserer Welt keinen neuen Anfang nehmen, ehe aller Haß erstorben ist, und ich weiß sehr wohl, daß es meines Volkes Sache ist, dafür zu sorgen. Ob es auf dem rechten Wege dazu ist, weiß ich nicht. Es will mir nicht so scheinen, aber jeder von uns muß eben alles in seiner Kraft Liegende dazu tun. Und auch das über die Kraft hinaus.«

Es war für Wiechert bestimmt nicht einfach, mich nach so langer Zeit zu identifizieren, hatte ich mich doch unter dem falschen Namen Norbert Franz bei ihm eingeführt. Das war damals eine verständliche Vorsichtsmaßnahme, die gleichermaßen ihm und mir galt. Nun korrespondierte er jedoch mit Ben-Chorin, der vormals Rosenthal hieß, so daß die ferne Person aus der Verhüllung von *drei* Namen treten mußte, um sichtbar zu werden.

Der letzte Brief, den er an mich schrieb, zeigte seine tiefe Enttäuschung über das Nachkriegsdeutschland. Er sehnte sich nach stillen und guten Arbeitsjahren in der Schweiz, fürchtete aber zugleich, zu alt zu sein, um noch einmal verpflanzt zu werden. Als das Kostbarste seiner Reise nach der Schweiz im Frühling 1947 bezeichnete er die fünf Tage, die er bei Max Piccard verbrachte, den er für den größten und weisesten aller Europäer hielt.

1948 übersiedelte Wiechert dann doch in die Schweiz, auf den Rütihof bei Urikon, wo er zwei Jahre später starb. Auch dieser deutsche Dichter wurde nicht in deutscher Erde, sondern auf dem Friedhof in Stäfa am Zürichsee begraben. Eine gewisse Ähnlichkeit mit Schicksal und Ende Stefan Georges und auch mit dem von Thomas Mann ist hier unverkennbar.

Von allen diesen deutschen Dichtern gilt, was August Graf von Platen ein Jahrhundert früher in seinem ersten Sonett an Deutschland ausrief:

O wohl mir, daß in ferne Regionen
Ich flüchten darf, an einem fernen Strande
Darf atmen unter gütigeren Zonen!

Wo mir zerrissen sind die letzten Bande,
Wo Haß und Undank edle Liebe lohnen,
Wie bin ich satt von meinem Vaterlande!

Meine erste und einzige Begegnung mit Ernst Wiechert war, wie vermerkt, am Starnberger See erfolgt, aber die meisten literarischen Begegnungen meiner Jugendjahre begaben sich natürlich in Schwabing, jenem oft romantisierten Künstlerviertel Münchens, das zu »Schwabylon« hochstilisiert wurde.

Ich war selbst nur sehr kurze Zeit ein Schwabinger, verlebte die Jahre der Kindheit und Jugend eigentlich in einem anderen Stadtteil Münchens, nämlich zwischen Lehel und Bogenhausen.

Nur im letzten Jahr vor meiner Auswanderung nach Palästina bewohnte ich eine echt Schwabinger Atelierwohnung – sie gehörte dem bereits zitierten Marinemaler Alf Bachmann und befand sich im Oberstock eines Hauses an der Mandlstraße, in unmittelbarer Nähe des Englischen Gartens.

Bachmann verbrachte die Sommermonate meist auf der Insel Rügen und überließ mir daher, als meine Mutter 1934 starb, seine Wohnung. (Alf Bachmann, dessen großartige Schilderungen der Meere heute leider vergessen sind, war übrigens der Schwiegervater meiner Schwester Jeanne. Sein Sohn Hellmuth war meiner Schwester nach Argentinien gefolgt, wo sie heiraten konnten; in Deutschland war die Eheschließung durch die neuen Rassengesetze unmöglich gemacht worden. Hellmuth Bachmann wirkte als Kunsthistoriker und Journalist in Buenos Aires, wo er 1957, erst sechsundfünfzigjährig, starb.)

Es waren zwei literarische Kreise in Schwabing, die mir die ersten Kontakte mit Schriftstellern in München vermittelten, »Die Gegenwart« unter Leitung von Florian Seidl, und der »Tukankreis«, dessen Seele Rudolf Schmitt-Sulzthal war, der auch einen Verlag für junge Literatur, den Tukan-Verlag, leitete. Mit Rudolf Schmitt-Sulzthal gab es nach dem Krieg ein Wiedersehen, als ich im November 1963 im Tukan-Kreis, der inzwischen aus Schwabing in das Hotel Regina übersiedelt war, Erinnerungen aus Palästina-Israel »Heimat und Exil« las. Eingedenk meiner früheren Kontakte wurde ich vom Ober-Tukan feierlich zum Alt-Tukanier ernannt.

Im Tukan-Kreis traf man auch Oskar Maria Graf, den urbayrischen Dichter, von dem viele fälschlich annahmen, er habe das geistige Erbe Ludwig Thomas angetreten. Dem war nicht so. Als sich die braune Nacht über Deutschland senkte, verließ Oskar Maria Graf mit seiner jüdischen Freundin Mirjam das heimische München, ging zunächst nach Wien. Als er dort erfuhr, daß Goebbels die Bücher mißliebiger Autoren öffentlich verbrennen ließ, daß seine Werke aber nicht dabei waren, veröffentlichte er seinen berühmt gewordenen Aufruf: »Verbrennt mich!«, in dem er forderte, daß auch seine Bücher zusammen mit den Werken der verbotenen Autoren dem Scheiterhaufen übergeben würden.

Unvergeßlich ist mir eine Begegnung mit dem stämmigen Mann an wenig respektablem Orte, wo die Juden den Kürzeren zu ziehen pflegen.
Graf gab sich, mit dem uneingeschränkten Vergnügen des passionierten Biertrinkers, der eigenen Strahlung hin und richtete dabei unbekümmert das Wort an mich zu einer Kritik an der literarischen Zeitschrift »Der Vorstoß«, die ich 1931 gemeinsam mit meinem Freunde Helmut Maria Soik herausgab. (Üb-

rigens sollten diese Blätter für junge Dichtung ohnedies nicht mehr als zwei Nummern erleben.)

»Ihr ›Vorstoß‹ ist natürlich der reine Schtuß«, bemerkte Graf, ohne sich bei seinen Verrichtungen stören zu lassen, aber er fügte begütigend hinzu, daß dies nichts mache, denn jeder junge Literat müsse sich erst einschreiben.

Wie recht er hatte. Manches in diesem »Vorstoß« war noch hochgestochen, an unerreichbaren Vorbildern orientiert – und doch kündigte sich manches an, was viel später Gestalt und Gewicht gewinnen sollte.

Das erste Heft dieser so kurzlebigen Zeitschrift wurde im letzten Augenblick noch mit der Widmung »IN MEMORIAM ARTHUR SCHNITZLER« versehen.

Als Gestalter des jüdischen Schicksals in der ausgehenden Emanzipationszeit war dieser Wiener Dichter, der 1931 starb, eine wegweisende Figur. In seinem Roman »Der Weg ins Freie« und in seiner Komödie »Professor Bernhardi«, die eigentlich eine Tragödie ist, zeigte er die Unmöglichkeit der Integration des Assimilationsjuden in seiner Umwelt.

Schnitzler, der mit Herzl in Verbindung stand, fand aber ebensowenig wie Stefan Zweig den Weg zum Zionismus, obwohl er sich gewisser Sympathien gegenüber der Konzeption Herzls nicht verschloß. Er nahm dabei eine ähnlich ambivalente Haltung ein wie Sigmund Freud, der demselben Milieu angehörte.

Der einzige in diesem Kreise, der den vollen Durchbruch wagte, war Richard Beer-Hofmann. Es ist ergreifend zu sehen, daß sein ungewöhnlicher Schritt zu einer Entfremdung gegenüber Hofmannsthal führte, der in ihm jahrzehntelang den Mentor und Meister sah, der ihm George einst hatte sein wollen, aber nicht sein können.

Daß wir den Namen Schnitzler in unserem »Vorstoß« an prominenter Stelle anführten, zeigte immerhin, daß wir keinem literarischen Sektierertum verfallen waren, sondern Größe anerkannten und dankbar verehrten, wo immer sie sich zeigte.

Eines der Zentren Schwabings war das Café Stefanie, auch »Größenwahn« genannt, in welchem sich Münchener Berühmtheiten am Nachmittag zum Schachspiel trafen und werdende Berühmtheiten endlos literarische Fragen diskutierten. Ein Geruch von Moder und dichtem Zigarrenrauch schwängerte die Luft, in der die kühnsten Pläne gediehen und sich in eben denselben Rauch wieder auflösten.

Abends traf man sich in der »Brennessel« oder im »Simplicissimus«, kurz »Simpl« genannt, Residenz der Kathi Kobus und immer wieder Aufenthalt des ewigen Seemanns Joachim Ringelnatz, der die Simpl-Wirtin in seinem Simplicissimus-Lied besang:

Schwelg' ich dann bei Knödelsuppe
Hier im Simplicissimus,
Ist die ganze Welt mir schnuppe,
Bis die Polizei ruft »Schluß!«
Scheid ich einst von diesem Globus
Sei mein letzter Abschiedsgruß:
»Pfüat di Gott, mein' Kathi Kobus!
Heil dir, Simplicissimus!

Den Namen »Simplicissimus« – benannt nach der gleichnamigen satirischen Zeitschrift – hatte sich die resolute Kathi Kobus 1903, und somit lange vor meiner Zeit, mit List und Tücke angeeignet, da ihr der frühere Besitzer die Übernahme des Namens »Dichtelei« streng untersagt hatte.

In diesem Lokal sah man auch das berühmte Wahrzeichen des »Simplicissimus«, den grimmigen von Thomas Theodor Heine entworfenen roten Mops. Bei Kathi Kobus zeigte er sich allerdings nicht mit der zerbissenen Kette, sondern mit einem Sektglas.

Auch in den Schwabinger Redaktionsräumen des »Simplicissimus«, in denen Franz Schönberner als letzter Redakteur des »Simplicissimus« seines Amtes waltete, stand noch immer dieser berühmte rote Gipshund. Fast wöchentlich brachte ich Schönberner Glossen, die er meistens akzeptierte, während meine Gedichte nur selten das Licht der Öffentlichkeit erblickten. Schönberner mußte meinem Fleiß manchmal Einhalt gebieten und bei diesen Anlässen belehrte er mich: »Die Hauptsache jeder literarischen Betätigung ist das Nichtstun.« Es war dies die nonchalante Version eines Spruchs des Angelus Silesius, der im »Cherubinischen Wandersmann« geschrieben hatte, daß der Weise arbeitet, wenn er ruht – und ruht, wenn er arbeitet.

Ich war von solcher Arbeit des ruhenden Geistes noch weit entfernt, nahm aber die Anregung zum Nichtstun gerne an, wobei mir erst später Schönberners Weisheit voll aufging. In Kontemplation und Beobachtung sammelt ein junger Geist Erfahrungen, die ihm die Zielstrebigkeit des Studienbetriebs wohl nie vermitteln könnte.

Ich war der Muße nicht abhold. Wie konnte man auch am Englischen Garten wohnen, ohne sich immer wieder in ihm zu verlieren – allein oder zu zweit, im schönen Gespräch oder im wortlosen Einverständnis des allen bekannten Geheimnisses.

Noch einmal sollte ich den »Simpl«-Mops sehen, aber da verging mir das Lachen. Es muß im Frühling 1933 gewesen sein. Ich betrat die schönen Redaktionsräume, die im Jugendstil ihrer Gründerjahre gehalten waren, um ein letztes kärgliches Honorar abzuholen, da starrte mich das vertraute Tier als scheußlicher Torso an, aus dem die Drähte wie anklagende Arme sich in den Raum erstreckten. Eine Haussuchung hatte stattgefunden und die ungebetenen Gäste waren über das Symbol der Freiheit hergefallen, hatten mit roher Faust zerschlagen, was Witz und Ironie, Talent und Esprit geschaffen hatten.

In meinem Gedicht »Traumgeographie«, das in frühen Jerusalemer Jahren, wohl um 1940, entstand, schrieb ich:

> Es geschieht nun, daß ich ungehindert
> Von Jerusalem nach Schwabing geh
> Tausend Meilen sind zum Sprung vermindert
> Tel Aviv liegt nah am Tegernsee . . .

Schwabing und Jerusalem haben auch noch eine besondere Affinität: beide träumen immer von ihrer Vergangenheit. Dabei spielt es kaum eine Rolle, daß es sich bei Jerusalem um dreitausend, bei Schwabing aber nur um siebzig oder achtzig Jahre handelt. (Die Jerusalemer, die sich an die letzten drei- tausend Jahre selbst erinnern, sind ohnedies nicht sehr zahl- reich. Der menschlichen Erinnerung sind Grenzen gesetzt, die sich jeweils auflösen, mit Gold und Patina überzogen eine Landschaft freigeben, die so wohl nie existiert hat.) Man kam immer zu spät – in Jerusalem und in Schwabing. Die großen Zeiten liegen hinter uns ... wenigstens im Auge der älteren oder noch älteren Beschauer.

Als ich durch die Straßen Schwabings ging, sah man hier nicht mehr die einstigen Könige, diese Herrscher feindlicher Provin- zen, sah weder Stefan George noch Frank Wedekind und auch nicht die eigentliche Chronistin Schwabings, Franziska zu Reventlow, die in ihrem Roman »Herrn Dames Aufzeichnun- gen« die Begebenheiten aus einem merkwürdigen Stadtteil unverwelklich beschrieb. Es ging dabei um literarische Fehden, die George und den merkwürdigen Alfred Schuler betrafen, der von einer Blutleuchte der römischen Antike träumte und durch Vermittlung Wolfskehls Bachofens »Mutterrecht und Urreligion« wieder entdeckte. Und es ging um Klages, der den Geist als Widersacher der Seele proklamierte. Schließlich brach wie ein Blitz in diese Welt des kosmogonischen Eros jener Haß ein, der eine Generation später in brutalster Form auch diese Kolonie des Geistes und der Kunst, der Lebens- freude und des schöpferischen Müßiggangs zerstörte.

Die frühen Tage Schwabings beschrieb Thomas Mann mit Worten, die auch noch dem Bild entsprechen, das ich in der Seele bewahrt habe: »Jedes fünfte Haus läßt Atelierfenster- scheiben in der Sonne blinken. Manchmal tritt ein Kunstbau aus der Reihe der bürgerlichen hervor, das Werk eines phanta- sievollen jungen Architekten, breit und flachbogig, mit bizar- rer Ornamentik, voll Witze und Stil. Und plötzlich ist irgendwo die Tür an einer allzu langweiligen Fassade von einer kecken Improvisation umrahmt, von fließenden Linien und sonnigen Farben, Bacchanten, Nixen, rosigen Nackthei- ten ...«

Die kecken Improvisationen begannen schon abzubröckeln, die phantasievollen jungen Architekten waren längst behäbige Bauräte geworden. Ich kam zu spät, wie ich wohl auch in Jerusalem zu spät kam, wo Männer wie Ben-Gavriel, der Wiener Bohemien mit der Attitüde des Wüsten-Scheichs, von den heroischen Zeiten der Stadt, von der Romantik ihrer Basars und von Gestalten sprachen, die sich längst ins Reich der Schatten verflüchtigt hatten.

Es bleibt wohl in Jerusalem wie in Schwabing und wie eigentlich überall auf der Welt bei Schillers Erkenntnis, mit der sein Lied an die Freude anhebt:

Liebe Freunde, es gab schönre Zeiten
Als die unsern, das ist nicht zu streiten!

Aber Schiller schließt diese Strophe mit dem unwandelbaren Bekenntnis zur Gegenwart:

Wir, wir l e b e n! Unser sind die Stunden,
Und der Lebende hat recht.

Wohl zweitausend Jahre vor Schiller hat es der Dichter des 115. Psalm mit etwas anderen Worten gesagt:

Nicht die Toten loben Gott
und nicht die, die hinunterfahren in die Stille...

Es war Verlaine, der Kaspar Hauser fragen ließ

Kam ich zu früh?
Kam ich zu spät...?

Diese Frage habe auch ich mir oft gestellt, ja sie stellte sich meiner Generation, dieser Generation des Übergangs.

Ist aber nicht jede Generation eine Generation des Übergangs vom Gekommenen zum Kommenden? Gewiß, aber in meiner Generation hat dieser Übergang eine so jähe Unterbrechung erfahren, wie sie anderen Generationen erspart geblieben ist.

Noch eines Brennpunktes des Schwabinger Lebens soll hier gedacht werden. Er ist verbunden mit dem Namen von Georg C. Steinicke, kurz »Papa Steinicke« genannt. Hans Brandenburg bezeichnete ihn als eingemünchnerten Berliner; übrigens waren fast alle berühmten Schwabinger keine Münchner. Hier ergibt sich für den rückschauenden Blick wiederum eine Ähnlichkeit mit Jerusalem, dessen Bürgermeister Teddy Kollek ein Wiener ist und dessen Bewohner aus mindestens achtzig Ländern zusammengeströmt sind.

Steinicke unterhielt an der Adalbertstraße am Rande Schwabings eine Buchhandlung mit Leihbibliothek und einem kleinen Saal dahinter, den er vermietete oder für eigene Veranstaltungen, vor allem im Fasching, reservierte. Brandenburg meinte einmal, dieser Saal sei in Zeiten der Not ein Schauplatz des echten Schwabinger Faschings sowie des inoffiziellen (und darum oft besten oder doch radikalsten) Münchner Geisteslebens gewesen.

Daß ich den endgültigen Ausbruch des Dritten Reiches, die Nacht des Reichstagsbrandes in Berlin, bei harmlos-heiterer Festlichkeit im Steinicke-Saal erlebte, gehörte zu den bizarren Paradoxien der Wirklichkeit.

Einmal ist mir die weinselige Fröhlichkeit bei Steinicke fast zum Verhängnis geworden, denn auf dem Rückweg von solcher Lustbarkeit legte ich mich mitten im Englischen Garten, in eisiger Februarnacht, auf eine Bank, wo ich einschlief und unter der Schneedecke von einem Schutzmann wachgerüttelt werden mußte.

Unvergeßlich ist mir auch noch eine echte Münchner Begegnung vor dem Steinicke-Saal in den frühen Morgenstunden des Faschings. Ein Mitfeiernder wandte sich vertrauensvoll an mich: »Daß ich bei meiner Schwester wohn', das weiß ich noch; aber wo meine Schwester wohnt, das weiß ich nicht mehr. Wissen Sie, wo meine Schwester wohnt?«

Ich wußte es nicht. Die Logik dieser Frage konnte sich mit der des Karl Valentin messen, der zeitweise bei Benz in Schwabing gastierte, obwohl er eigentlich mehr in einem Lokal nahe der damals berüchtigten Müllerstraße seine unvergeßlichen Dialoge mit Liesl Karlstadt führte. Das Wesen dieser Dialoge, die von zwerchfellerschütternder Komik bleiben, ist eben die Scheinlogik. Ich glaube, es handelt sich hier um eine spezifische Form des Münchner Denkens, die nicht ohne weiteres als Exportartikel verwertbar ist.

Es gibt Leute, die an der Verschiedenheit der Denkformen blind vorüber gehen, die glauben, daß jede Wahrheit an jedem Ort wahr sein muß und jeder Irrtum überall ein Irrtum ist. Das trifft auf die Mathematik zu, aber sicher nicht auf den Humor, leider auch nicht auf die Politik, die so oft scheitert, weil ihr der Humor und das Gefühl für die Relativität fehlten.

Steinicke vermietete seinen Saal zum Beispiel an Karl Kraus oder dessen Münchner Impresario, aber auch an die Zionistische Ortsgruppe, die im Steinicke-Saal ihre Herzl-Feier abhielt. Der Saal war klein genug für das Häuflein echter Zionisten in München.

Man sollte in Schwabing mehr sehen als den Stadtteil der Lebensfreude oder des »fröhlichen Künstlervölkchens« (so können ohnedies nur geschworene Unkünstler sagen). In Schwabing beginnt auch die Stadt – der Toten. Es ist weithin unbemerkt geblieben, daß Thomas Manns berühmte Novelle »Der Tod in Venedig« mit dem Tod in München beginnt, seiner Stadt der Toten: »...hinter den Zäunen der Steinmetzereien, wo zu Kauf stehende Kreuze, Gedächtnistafeln und Monumente ein zweites, unbehaustes Gräberfeld bilden, regte sich nichts, und das byzantinische Bauwerk der Aussegnungshalle gegenüber lag schweigend im Abglanz des scheidenden Tages. Ihre Stirnseite, mit griechischen Kreuzen und hieratischen Schildereien in lichten Farben geschmückt, weist überdies symmetrisch angeordnete Inschriften in Goldlettern auf, ausgewählte, das jenseitige Leben betreffende Schriftworte, wie etwa: ›Sie gehen ein in die Wohnung Gottes‹ oder: ›Das ewige Licht leuchte ihnen‹...«

Das ist auch Schwabing, die Ungererstraße und an ihrem Ende, der heutigen Garchinger Straße, liegt der jüdische Friedhof, der dank seiner treuen Hüter, der Familie Schörkhofer, bewahrt blieb. Ich kann Schwabing ohne diese Fortsetzung nicht sehen. Sie mündet für mich bei dem Familiengrab, in welchem meine Eltern und Großeltern ruhen und nun auch meine einzige Schwester.

Die Juden nannten den Friedhof gern den »Guten Ort«. Franz Werfel hat in einem schönen Gedicht vom Jahre 1938 den »Guten Ort zu Wien« besungen. Was er über den dortigen Friedhof sagt, gilt mir für diesen stillen Garten am Ende Schwabings:

Nimm an, nimm auf der Toten Kraft
Als Speisung deiner Wanderschaft,
Damit zu schwer der Weg nicht werde!
Noch gibt es ungeprägte Erde...

»Sternverdunkelung« nannte Nelly Sachs ihre 1949 erschienenen Gedichte, die ein bleibender Ausdruck des seelischen Vorgangs wurden, den das Jahr 1933 in uns auslöste.

Die Sterne der Heimat verdunkelten sich, aber die Fixsterne meiner Jugend strahlten in ungetrübtem Licht. Ja, es will mir scheinen, als ob ihr Licht noch stärker, noch klarer in der allgemeinen Dunkelheit aufschimmerte.

Unser Gedächtnis ist nicht nur lückenhaft, selektiv, hält einiges fest und stößt anderes ab (wobei der objektive Wert des Bewahrten oft fraglich sein mag) – es ist auch bildhaft, hält ganz bestimmte Konturen und Szenen fest. Sie ragen wie Inseln aus dem Meer des Vergessens.

Der eigentliche Ausbruch des Dritten Reiches, der berühmte Fackelzug der NS-Verbände und des »Stahlhelm« durch das Brandenburger Tor in Berlin traf für uns in München nicht so bildhaft in Erscheinung (noch gab es kein Fernsehen!), daß sich mir hier mehr als eine nachträgliche Reminiszenz einprägte.

Noch sah man nicht die ganze Tragweite des Geschehens vor sich. Rundfunk und Presse berichteten über die politische Umwälzung in einem Ton, der uns fremd bleiben mußte. Während die Parteipresse in ungezügelte Jubeltöne ausbrach, blieb die liberale Presse in der Reserve. Die innerjüdischen Zeitungen legten sich ein hohes Maß von notwendiger Selbstdisziplin auf.

Es ist eine etwas spätere Szene, die mir ganz stark vor den Augen der Seele steht, vielleicht weil sie mit dem Wort *Fanal*, *Feuerzeichen*, *Brandfackel* zusammenhängt: der Reichstagsbrand.

Ich erlebte ihn oder eigentlich diese Nacht vom Montag, den 27. auf Dienstag, den 28. Februar 1933, wie gesagt, auf dem letzten Schwabinger Faschingsfest, das ich mitmachte. Es muß gegen Mitternacht gewesen sein, vielleicht auch etwas früher, als plötzlich eine männliche Stimme vom Saaleingang her in die hopsende und lachende Menge der sich mit Papierschlangen bewerfenden Paare die Worte rief: »Der Reichstag brennt!«

Das ist mir unvergeßlich und ebenso unvergeßlich der Kommentar eines Mannes neben mir: »Um diesen alten Kasten ist es nicht schad'.«

Daß diese ästhetische Wertung eines politischen Vorgangs — eine typisch schwabingerische Perspektive — keineswegs angebracht war, sollten die nächsten Tage erweisen.

Auch ich verstand nicht, um was es hier ging. Von einem kurzen Aufenthalt in Berlin her kannte ich den sicher nicht besonders ansprechenden Bau des Reichstags, diese typische Schöpfung der Gründerjahre, die unserem Justizpalast in München nicht unähnlich war. Es konnte mich also nicht erschüttern, daß dieses Bauwerk in Flammen stand. Es war kein Brand des Tempels.

Daß die Demokratie, deren äußeres Gehäuse dieser Bau sein sollte, bereits unterhöhlt und am totalen Zusammenbruch war, das sah ich wohl — und doch spürte ich nicht, daß die Totenglocke für Millionen Menschen zu läuten begann.

Wenn ich zurückblicke, erscheint mir dieses Faschingsfest, dieser letzte Tanz in ›Schwabylon‹, symbolisch hochstilisiert wie das Gastmahl in Hofmannsthals »Jedermann«, wie ein Bild von Pieter Brueghel, wo die Prassenden und Buhlenden bereits vom Tode umfangen in den Abgrund tanzen, oder wie eine Vision des Hieronymus Bosch, die das Unsichtbare sichtbar macht und zeigt, wie Haß und Neid, Gewalt und Furcht in greulichen Gestalten sich unter das Fest des Lebens mischen. Es war sicher anders gewesen. Die Feste bei Steinicke waren keine Orgien. Der Sekt floß nicht in Strömen, dazu reichte unsere spärliche Kasse nicht aus. Aber man war vergnügt und jung, was ja keineswegs immer dasselbe ist. Es gab die typischen Faschingsbekanntschaften. Man traf sich auf solchen Festen mehrmals wieder, fand sich in Tanz und unverbindlicher Vertraulichkeit, sozusagen nach dem Lohengrinmotiv: »Nie sollst du mich befragen.« Man kannte sich oft (wie später in Israel) nur mit dem Vornamen, sagte auf diesen Festen »Du« zueinander und hielt die Narrenfreiheit hoch. Eine typisch Münchnerische Faschingsfrage war: »War's schön? Hat's a Todsünd' geben?«

Die Narrenfreiheit ging zu weit – in dieser Nacht. Hätte nach diesem Ruf: »Der Reichstag brennt!« die Kapelle nicht ihre Instrumente beiseite legen müssen? Warum sind die Lichter nicht erloschen? Warum haben wir die heißen Hände nicht gelöst, um still in die Nacht hinaus zu gehen? Warum ist das Lachen auf unseren Gesichtern nicht erstorben?

War es nicht das Gastmahl des Belsazar? Sah niemand die Schrift an der Wand?

> Und sieh! und sieh! an weißer Wand,
> Da kam's hervor, wie Menschenhand;
> Und schrieb, und schrieb an weißer Wand
> Buchstaben von Feuer, und schrieb und schwand.

Vor über hundert Jahren hatte Heinrich Heine diese prophetischen Zeilen gedichtet. Warum kamen sie mir damals nicht ins Gedächtnis, warum klingen sie erst jetzt, mehr als vierzig Jahre später, so gewaltig an? Ich habe allen Grund am Rhythmus meiner Reaktionsfähigkeit, aber nicht nur *meiner* Reaktionsfähigkeit zu zweifeln.

Sternverdunkelung geht mit »Gottesfinsternis« (Buber) zusammen. Es ist, als ob Gott sich selbst verhüllte, vielleicht verhüllt er sein Antlitz wenn sein Ebenbild geschändet wird. Wir aber erkannten die Zeichen der Zeit noch nicht.

Es sollte noch einen Monat dauern, bis ich außerordentlich gewaltsam aus einem Traum privater Unverbindlichkeit wachgerüttelt wurde.

Es war der erste April 1933, der Boykottsamstag. Jüdische Geschäfte, Anwaltskanzleien, Arztpraxen mußten nicht geschlossen werden, aber die SA marschierte in ihren braunen Hemden als Boykottwache auf. Schilder und Transparente: »Kauft nicht bei Juden!«, »Die Juden sind unser Unglück«, oder aber auch nur »Jüdisches Geschäft« sollten das deutsche Publikum warnen.

Sollten sie nicht auch uns warnen? Verstanden wir nicht die unsichtbare Hand hinter dem Geschehen? Hatten die Juden in Deutschland ihren heiligen Tag, den Sabbat, nicht weitgehend vergessen? Brachte sie nicht der Haß der anderen zurück ins eigene Erbe? War es nicht genau der Vorgang, den das prophetische Wort der Bibel uns häufig vor Augen stellt: ein Widersacher Israels wird in der Hand Gottes zur Zuchtrute, um sein widerspenstiges Volk zu bändigen. Diese Zuchtrute selbst aber wird zerbrochen und ins Feuer geworfen.

Ich sah es nicht. – Und viele, viele andere sahen es noch weniger. Man ging in fast kindischer Trotzhaltung demonstrativ in die leeren Geschäfte: »Bangemachen gilt nicht.«

Aber es galt. Es galt auch mir. Ich machte mich an diesem strahlend schönen Samstagvormittag auf zu einem Spaziergang durch die Stadt. Bei der Gelassenheit wollte ich einem Freunde die Kamera zurückgeben, die er mir geliehen hatte.

Diese Kamera wurde mir zum Verhängnis, aber vielleicht auch zum Segen, denn an diesem ersten April sollte ich mit letzter Deutlichkeit erfahren, was viele Juden in Deutschland noch nicht erfassen wollten: das Ende des Rechtsstaates.

Am Rindermarkt sprang mich ein erster Boykottposten an, riß mir den Apparat aus der Hand und behauptete, ich hätte photographiert. Das Photographieren der Boykottposten sei verboten. Ich hatte keine Aufnahme gemacht, versicherte dies auch nachdrücklich, aber es half mir nichts. Der Apparat wurde geöffnet, der Film belichtet und damit untauglich gemacht. Ich bekam die Kamera zurück und setzte – mir heute unverständlich – meinen Weg fort, als wäre nichts geschehen.

Nach wenigen hundert Metern stellten sich mir zwei weitere SA-Leute in den Weg, hielten mich wiederum an, behaupteten abermals, ich hätte verbotene Aufnahmen gemacht und nun ging es nicht mehr so glimpflich ab. Ich wurde verhaftet, Handschellen wurden mir angelegt, und so wurde ich über die Kaufinger- und Neuhauserstraße geführt, wobei einer der SA-Leute begann, mir die Faust ins Gesicht zu schmettern. Als mir das Blut über Hemd und Rock floß, versetzte ihn das offenbar in einen Blutrausch und er begann wie rasend nach mir zu schlagen und zu treten.

Mit gefesselten Händen konnte ich mich kaum schützen. Dieser Überfall hätte wahrscheinlich kein gutes Ende genommen, wenn nicht der Kamerad des Rasenden ihm Einhalt geboten hätte.

Ich erkannte in diesem zweiten SA-Mann einen Studenten, der mir vom Hörsaal her bekannt war. Offensichtlich hatte er auch mich erkannt und meinte nun quasi begütigend: »Jetzt reicht's; schlag ihn nicht tot!«

In erbärmlichem Zustand wurde ich in das Polizeigefängnis an der Ettstraße eingeliefert und sogleich einem Verhör unterzogen. Der vernehmende Beamte trug Zivil, so daß ich ihn für einen Hüter von Ordnung und Recht hielt. Das war offenbar ein Irrtum.

Ich erklärte, daß ich weder photographiert noch Widerstand geleistet hätte und grundlos mißhandelt worden sei.

Der Beamte sah mich streng an und ein maliziöses Lächeln spielte um seinen Mund: »Hier sind Sie angeklagt und haben nicht anzuklagen, und Judenblut ist bei uns nicht so wichtig.«

Das genügte. Der Aufklärungskurs war abgeschlossen. Es begannen die praktischen Übungen.

Schauplatz war eine überfüllte Zelle, in der es infernalisch stank, da die etwa zwanzig Insassen dieses Kerkers ihre Notdurft in einen offenen Kübel verrichteten. Immer urinierte einer der nervösen Männer, aber nur zweimal am Tage wurde das Gefäß geleert.

An den schmierigen Wänden fielen mir Kritzeleien auf, darunter ein Vers, der mir unvergeßlich blieb:

Der allerschönste Mann im Land
Das ist und bleibt der Denunziant.

Unsere Belegschaft war bunt zusammengewürfelt: Kriminelle und Homosexuelle (die ihren Neigungen oft freien Lauf ließen), ein paar Kommunisten, zwei Studenten vom »Stahlhelm«, erbitterte Nationalisten, die in Hitler den Verfälscher wahren deutschen Volkstums sahen, ein paar Undefinierbare, und schließlich ein verängstigter alter Jude, der in Unterhosen apathisch auf seiner Pritsche saß und entsetzt und verschreckt jedes Gespräch mit mir mied, da er fürchtete, daß dies als eine jüdische Verschwörung mißdeutet werden könnte.

Die Undefinierbaren fürchtete man am meisten. Wer unter ihnen war ein Spitzel?

Beim Essenfassen waren wir einem sadistischen Gefängniswärter ausgeliefert, der mir immer etwas von der heißen Wassersuppe über die Hand goß, so daß ich das Blechgefäß kaum halten konnte.

Aber das war alles nichts, verglichen mit der Angst, die hier aus allen Ecken kroch, in der üblen Luft hing, über die Korridore schlich, sich wie eine Wolke über dem Gefängnishof ausbreitete.

Die Angst hieß Dachau. Dieser Name eines an sich so hübschen Städtchens in der Nähe Münchens, einer Künstlerkolonie, ähnlich wie im Norden Worpswede, war zum Synonym für Hölle geworden. Hier öffneten sich für uns die Tore des Konzentrationslagers – und wenn sie sich schlossen, wußte niemand, ob sie sich nochmals öffnen würden.

Im Jahre 1972 schrieb eine Verfasserin aus Dachau, Rosel Kirchhoff, in ihrem Buch »Am Lagertor«: »Die Stadt heißt Dachau. Der Name ist der Stadt oft lästig. Er stammt von den Vorfahren her, in alten Urkunden steht er geschrieben.

Früher überlegte man sich die Namen. Sie sollten Wichtiges aussagen über den Ort, über seine Landschaft, oder seine Bestimmung, oder den Menschenschlag, der dort wohnt.

Den Namen der Stadt fand man über tausend Jahre lang schön und recht. Er paßte zum Ort, man horchte auf bei seinem Klang.

Dies hat sich geändert. ›Oh, ließe sich dein Name auslöschen!‹

klagen jetzt viele. ›Dein Name, Stadt, bedeutet Entwürdigung, Gefangenschaft, Experimente an Menschen, Mißhandlung, Mord – Fluch über diesen Namen!‹
›Sühne für diesen Namen!‹ fordern sie. ›Du bist schuld, Stadt, an deinem schrecklichen Namen!‹ behaupten sie. ›Ein solcher Name paßt nicht in unsere Zeit!‹ erklären sie.
Manche raten der Stadt zu einem anderen Namen. Ihr alter Name sei weltbekannt; wo man ihn nenne, verspüre man Grauen.
Was soll die Stadt tun? Eine verständnisvolle Behörde für Städte mit unangenehmen Namen, wo gibt es die? Und wenn sich eine fände, was riete sie der Stadt?«
Damals war der Name Dachau der Inbegriff der Angst für uns. Hinter der vorgehaltenen Hand erzählte man sich, was sich dort zutrug. Als das Schrecklichste galt: Auf der Flucht erschossen.
Wer versuchte schon dort zu fliehen? Etwa in das Moor der Umgebung oder in die Kiesbrüche, die zur Hinrichtungsstätte wurden? Aber es gab dennoch die Formel: Auf der Flucht erschossen.
Die Legalität war allenthalben noch zu spüren. Auch als ich nach drei Tagen entlassen wurde (die Entlassung hatte ich wohl dem Stiefvater meines Freundes Soik, einer hohen SA-Charge, zu verdanken), mußte ich unterschreiben, daß ich gut behandelt, nicht mißhandelt wurde.
Ich unterschrieb. Ich schäme mich dieser Lüge nicht. Durch diesen ersten Blick hinter die Kulissen des Dritten Reiches war mir klar geworden, daß die Wahrheit des Schwachen gegenüber der Gewalt nur noch das Vorrecht Don Quixotes sein konnte.
Ich muß diese Erkenntnis auch heranziehen bei der nachträglichen Beurteilung vieler Deutscher, die damals gegen ihr besseres Wissen, gegen ihr Gewissen, gegen die Stimme der Vernunft und der Menschlichkeit schwach wurden.
Ich will nichts beschönigen. Es steht mir sicher nicht zu, das zu vergeben, was anderen angetan wurde. Aber ich habe die

Anfechtung der Wahrheit durch die Erkenntnis der Aussichtslosigkeit auf der eigenen Haut gespürt.

Allerdings war die Situation des Juden eine andere als die eines »Ariers«.

Das deutsche Blut wurde vergöttert, zum heiligen Blut erklärt Judenblut war nicht so wichtig.

Hier lag der Unterschied. Es war fundamental.

Ich sprach von der Furcht, von der Angst, die uns würgte. Ich muß den Ekel erwähnen, der nicht nur aus dem Unratkübel, sondern nicht minder aus den stupiden Gesprächen der hier zusammengepferchten Männer stank. Das politische Gespräch wurde fast völlig vermieden. Es war lebensgefährlich. Deshalb regierte die Zote. Die zur Enthaltsamkeit Gezwungenen, ergingen sich in übertriebenen Schilderungen sexueller Genüsse, priesen die Vorzüge ihrer Frauen und Freundinnen und geilten sich so gegenseitig auf. Wer nicht mithielt, galt als Duckmäuser.

Da ich mich auch im Kartenspiel als unerfahren zeigte, war ich der erklärte Zellenidiot.

Mit stupider Monotonie wurde ein Lied gesungen, das in seiner völligen Bedeutungslosigkeit mich noch heute erschauern läßt:

Liebe Lina, sprach der Jäger
Lina laß das Mausen sein ...

Diese mir unbekannte Lina, offenbar von kleptomanischer oder nymphomaner Natur, nahm dämonische Züge an, wurde ein Gespenst. Man stelle sich diese völlige Sinnlosigkeit, hundertmal am Tag wiederholt vor. Sie wirkte zermalmend.

Mein kurzer Besuch im Polizeigefängnis an der Ettstraße – soweit man das einen Besuch nennen kann – blieb nicht mein einziger. Ich mußte dreimal »einsitzen«, was bei meinem letzten Aufenthalt einen Gefängnisschließer zu der wohl witzig gemeinten Bemerkung veranlaßte: »Gefällt es Ihnen so gut bei uns, daß Sie immer wieder kommen?«

Nach meiner ersten Entlassung aus der Polizeihaft mußte ich mich in ärztliche Behandlung begeben, da mir bei der

Mißhandlung auf offener Straße die Nasenscheidewand zertrümmert worden war. Ich suchte den jüdischen Hals-, Nasen- und Ohrenarzt Dr. Siegfried Levinger an der Perusastraße auf, der zunächst die Splitter aus der Nase entfernte und dann die weiteren nötigen Eingriffe vornahm.

Dieser Besuch beim Spezialisten sollte so eigentümliche Folgen haben, daß ich sie hier aufschreiben will. Etwa zwanzig Jahre später meldete ich den Gesundheitsschaden an, der mir durch diese Deformation zugefügt worden war.

Die Behörden der Bundesrepublik Deutschland hatten in Israel Vertrauensärzte mit der Untersuchung solcher Fälle beauftragt. Der zuständige Arzt verlangte die nötigen Röntgenaufnahmen, die in einem Jerusalemer Hospital hergestellt wurden. Alles war nun aktenkundig, es gab auch ehemalige Münchner Mitbürger in Israel, die bezeugen konnten, daß sie damals von meiner Mißhandlung gehört hatten ... aber es war nicht nachzuweisen, daß die Verletzungen von der Mißhandlung herstammten. Es wurde mir erklärt, daß man sich auch beim Boxen oder durch einen unglücklichen Sturz beim Skilaufen ähnliche Verletzungen zuziehen könne.

Der Wahrheitsbeweis war also schwer zu erbringen und ich beschloß bereits, die Sache ad acta zu legen, als mich im Herbst 1956 der Leserbrief eines Dr. Siegfried Levinger aus der Siedlung Jokneam im Emek Jesreel erreichte. Der Schreiber hatte einen alten Briefbogen benutzt: »Hals-, Nasen- und Ohrenarzt, München, Perusastraße«. Dr. Levinger, der sich wegen eines meiner Zeitungsartikel an mich wandte, konnte nicht ahnen, daß Schalom Ben-Chorin mit seinem ehemaligen Patienten Fritz Rosenthal identisch sei.

Es war kaum zu glauben, daß dieser alte Arzt, der nun im 86. Lebensjahr stand und von dessen Anwesenheit in Israel ich nichts gewußt hatte, gleichsam aus der Versenkung auftauchte: er war der *einzige* Zeuge.

Ich enthüllte ihm meine Identität und umgehend konnte er die nötige ärztliche Bestätigung liefern. Wenige Wochen später starb er.

Nach der Wahrscheinlichkeitsrechnung war diese Möglichkeit so gering, daß sie in Zahlen kaum auszudrücken ist. Diese Episode gehörte zu den vielen Begebenheiten in meinem Leben, die mich am Zufall, am blinden Zufall gründlich zweifeln lassen. Es gibt Fügung und Führung, doch wir erkennen sie nur höchst selten. Es ist, als sei ein Vorhang hinter der Szene unseres Lebens gespannt, der manchmal kleine Risse und Löcher aufweist, durch die das verborgene Licht dringt, das unser Auge nicht voll aufzunehmen vermag.

Es war ein gütiges Geschick, das mich an den Rand der Schrecken stellte. Der Star der Blindheit wurde mir gestochen, aber dem tiefsten Leid war ich nicht ausgesetzt.

Denke ich an die Jahre des Grauens und der Vernichtung, die folgen sollten, so will ich mit Hiob meine Hand auf meinen Mund legen und schweigen.

Aber ich will von den kleinen Versuchen erzählen, die wir unternahmen, um Terrassen in den Erdrutsch unserer Existenz zu bauen. Ernst Simon nannte das »Aufbau im Untergang«. Er bezog dies auf die jüdische Erwachsenenbildung, die im nationalsozialistischen Deutschland eine Form des geistigen Widerstandes darstellte.

Meine eigenen Bemühungen lagen mehr auf künstlerischer Ebene und ich will hier dreier Freunde gedenken, mit denen ich zusammenwirkte – des Graphikers Rudolf Ernst, der Malerin Maria Luiko (Marie Luise Kohn) und des vielseitig begabten Alfons Rosenberg, der auf einer Insel im Ammersee lebte, aber mehrmals in der Woche nach München kam.

Rudolf Ernst stammte aus Jugoslawien, kehrte vor Ausbruch des Krieges auch dorthin zurück, wurde aber schließlich doch von der Welle des Unheils erfaßt und blieb verschollen. Er war ein Meister des Holzschnittes. Zu meinem Mysterienstück »Das Messiasspiel« schuf er den eindrucksvollen Umschlagentwurf, und einen Zyklus meiner Gedichte illustrierte er mit Radierungen von außerordentlicher Zartheit. – In Israel findet sich heute noch einiges aus seinem Nachlaß: Graphiken, die eine Verwandte des Künstlers an der Akademie in Zagreb gefunden hat.

Maria Luiko, diese überaus sensible junge Frau mit verträumten großen schwarzen Augen, schuf in Holzschnitt und Lithographie und in Ölbildern die Vision einer sternverdunkelten Welt, wie sie erst Jahrzehnte später in dem erwähnten Werk von Nelly Sachs literarische Gestalt annahm. Die Ahnung des Kommenden zeigte sich in Holzschnitten, die erhobene Hände darstellten. Es war mir nicht klar, ob es sich hier um betende Hände handelte, um Hände, die in Verzweiflung gerungen werden, oder um die erhobenen Arme der sich Ergebenden. Als ich Maria Luiko fragte, antwortete sie lakonisch: »Um alles.«

Das Motiv des abgeholzten Baumes, aus dem noch ein junger Trieb wächst, kehrte in ihrer Graphik immer wieder, ebenso der weise Diogenes mit der Lampe, der nach einem Menschen sucht. Zu meinem »Mal der Sendung« (dem zweiten Gedichtband) entwarf Marie Luiko den Umschlag, der die Photographie von seltsamen Masken zeigte, die sie modelliert hatte.

Die Luiko mußte mit ihrer Schwester, der jungen Anwältin Dr. Elisabeth Kohn, und ihrer Mutter, welche die Töchter nicht verlassen wollte, den Weg ohne Wiederkehr antreten. Sie wurden in den Osten deportiert, in den namenlosen Tod der Millionen.

Nur ein ganz geringer Teil der Werke von Maria Luiko befindet sich heute bei Freunden in Israel, darunter in meinem Arbeitszimmer das merkwürdige Bild der Marionetten, die sie für ein biblisches Puppentheater hergestellt hatte. Ich schrieb die Texte, die sich an das Buch Ruth hielten, aber auch muntere Spiele um Hersch Ostropoler, den ostjüdischen Till Eulenspiegel, gelangten zur Aufführung. Auch hier verfaßte ich in Knittelversen das Textbuch. Die Aufführungen erfolgten im Jüdischen Kulturbund, der eine Art Ersatzbühne für die vom Theaterleben ausgeschlossenen so theaterfreudigen Münchner Juden darstellte.

Der dritte Künstler in unserem Bunde war Alfons Rosenberg,

ein besonders vielseitig begabter Mann. Er war Handwerker, Bauer, Maler und wurde später ein bekannter theologischer Schriftsteller. Eine prachtvolle bibliophile Ausgabe meines Gedichtbandes »Die Lieder des ewigen Brunnens« habe ich ihm zu verdanken. Rosenberg baute seinerseits ein Marionettentheater und brachte die Golemsage zur Aufführung. (Es ist wohl kein Zufall, daß wir damals das Marionettentheater neu entdeckten. Einerseits hatte das technische Gründe, denn es fehlten die Schauspieler – andererseits aber auch tiefere, die uns kaum bewußt wurden. Wenn der Mensch im totalitären Staat der eigenen Verantwortung enthoben wird, wenn ihn das Regime an Fäden zieht, wird er selbst zur Marionette und die Marionette wird sein Doppelgänger...) Rosenberg folgte mir im Sommer 1935 auf die Insel Elba nach und wir fuhren anschließend zusammen in die Schweiz, wo es gelang, in Zürich einflußreiche Kreise für ihn zu interessieren. Er konnte in der Schweiz bleiben, während mein Weg weiter nach Jerusalem führte.

Rosenberg, der sich während unserer Münchner Zeit bereits mit mystischen und kabbalistischen Studien befaßte, beschrieb später seine Erweckung mit den Worten: »Ich betrachte es als den größten Glücksfall meines Lebens, daß mir das Evangelium durch keinen zeitgenössischen Menschen vermittelt wurde. Denn ich zog dies äußerlich kleine Buch aus einem Schutthaufen hervor, der sich in einem leeren Zimmer jenes Schlößchens auf der Insel eines bayerischen Sees befand, auf welcher ich zehn Jahre... lebte.«

Aber auch auf dieser Insel konnte er sich dann nicht mehr halten. Der organisierte Haß duldete keine Inseln. Dennoch zog es Rosenberg dann wiederum auf eine Insel, nach Elba, das allerdings nur eine kurze Zwischenstation war. Auch in der Schweiz führte er wohl ein inselhaftes Dasein, trat zuerst zum Protestantismus, dann zum Katholizismus über und drang tief in die Mystik vieler Völker ein. Er schrieb Werke über Engel und Dämonen, über die Mysterien von Mozarts »Zauberflöte«, über Michael und den Drachen, über Seelenwanderung und Bildmeditation, und gab die bedeutende Reihe »Dokumente religiöser Erfahrung« heraus.

In einer autobiographischen Skizze vom Jahre 1973 enthüllte er, daß er sich bereits mit dreizehn Jahren innerlich vom Judentum getrennt habe. Mir wurde das damals keineswegs bewußt. Ich hatte den Eindruck, daß er, wie wir alle, Wege im Judentum suchte. Daß er eines anderen Weges geführt wurde, ist sein Schicksal, das ich unwidersprochen zur Kenntnis nehmen muß.

Wir kamen alle von außen, waren durch Herkunft und Erziehung dem Judentum entfremdet. Aber gerade diese Distanz eröffnete uns Aspekte, die andere nicht sehen konnten. Wer zu tief in der Routine des Judentums steht – und es gibt natürlich eine solche Routine –, dem wird nicht sichtbar, was dem Eintretenden im Heiligtum auffällt.

Ich war meinen Freunden, obwohl der Jüngste, um einen entscheidenden Schritt voraus, denn ich hatte bereits jüdische Kenntnisse und Erfahrungen gesammelt, *bevor* die Stunde des Erschreckens schlug. Die kurze, aber intensive Epoche orthodoxen Praktizierens des Judentums lag bereits hinter mir. Von starren Formen gelöst, suchte auch ich nach neuem Ausdruck in Kunst und Leben, hatte aber einen Kompaß, der den anderen fehlte.

Durch Rosenberg wurde auch bei mir das Interesse für die Mystik geweckt. Ich vertiefte mich in Übersetzungen der Kabbala (das aramäische Original blieb mir unzugänglich) und Schriften über jüdische Mystik. Das Ergebnis war »Der heilige Löwe«, ein historischer Roman über das Leben des Mystikers Rabbi Isaak Luria, der im 16. Jahrhundert in Safed wirkte. Das Buch hatte ein seltsames Schicksal. Es erschien erst siebenunddreißig Jahre später, anläßlich des 400. Todestages Lurias, in englischer Übersetzung in Jerusalem. Das Manuskript blieb so lange verborgen, wie Luria gelebt hat.

Das umfangreiche Material für meine Studien hatte ich der reichhaltigen Bibliothek der Jüdischen Gemeinde entnommen, als deren Bibliothekar der gelehrte Rabbiner Dr. I. Finkelscherer wirkte. Mit seiner spitzen Fistelstimme bemerkte er zu der Wahl meiner Lektüre: »Warum lesen Sie dieses Zeug; Sie sind schon meschugge genug.«

Darin dokumentierte sich die Ablehnung der Mystik durch die rationalistische Wissenschaft vom Judentum, die erst in jüngster Zeit durch Gelehrte wie Gershom Scholem in Jerusalem und Abraham J. Heschel in New York überwunden wurde.

In Zeiten der Verfolgung bot die Mystik immer ein Refugium der Seele. Die großen mystischen Bewegungen im Judentum können von hier aus aufgeschlüsselt werden. Die Hochblüte der Kabbala folgt auf die Vertreibung der Juden aus Spanien, die sabbatianische pseudo-messianische Bewegung auf die grauenvollen Judenverfolgungen durch den Kosakenhetman Chmjelnizki im 17. Jahrhundert. Die Ausläufer der oft bizarren Mystik um Sabbatai Zevi reichen eigentlich bis in das 19. Jahrhundert.

Die größten Judenverfolgungen, die unserer Zeit vorbehalten blieben, führten nicht mehr zu einem mystischen Durchbruch, sondern zu einer Säkularisierung der Mystik im Zionismus, der so gesehen eine letzte Ausuferung des Messianismus wurde. In unserem kleinen Kreise aber war etwas von der Sehnsucht nach mystischer Symbolik zu spüren, die künstlerischen Ausdruck fand. Später schloß sich unserem Kreise auch die junge Zeichnerin Gabriella Rosenthal an, die Tochter des Kunsthistorikers Dr. Erwin Rosenthal und Enkelin des bekannten Münchner Antiquars Jacques Rosenthal, dessen Geschäft an der Brienner Straße einem Museum glich. Der Inkunabeln-Saal in diesem fürstlichen Hause war ein Wallfahrtsort der Bibliophilen aus aller Welt.

Gabriella wurde meine erste Frau. In Jerusalem schuf sie eine Fülle von Zeichnungen und Aquarellen, die das unbekannte, unpathetische Jerusalem der gelebten Wirklichkeit schildern. In einem Buch über Jerusalem enthüllte sie 1968 das »Heilige Geheimnis« dieser Stadt, zu deren besten Kennern sie gehörte. Wenn wir auch in unserem Kreise so etwas wie eine Zelle des geistigen und seelischen, des künstlerischen und literarischen

Widerstandes bauten, so war uns doch die Unhaltbarkeit dieser Position bewußt, wenngleich diese kurze Zeit bis zu meiner Auswanderung im Sommer 1935 von beglückender Intensität blieb. Sie erscheint mir heute euphorisch.

Die Sehnsucht nach der Freiheit, nach dem Ausbrechen aus allen Beschränkungen, die unser Leben fesselten, war selbstverständlich.

So wagte ich im Dezember 1934 den ersten Ausflug in eine freiere Welt. Das Ziel war Prag, doch eigentlich Max Brod, dem ich durch die Beschäftigung mit seinem Werk und eine rege Korrespondenz bereits nahe gekommen war. Der Dichter erwartete mich in der Redaktion des »Prager Tagblatt«, in welchem er als Theater- und Musikkritiker tätig war. Es war gar nicht leicht, mit Max Brod in diesen anspruchslosen Redaktionsräumen ein ungestörtes Gespräch zu führen, denn er war umlagert von Emigranten aus dem Dritten Reich, die seine weithin bekannte Hilfsbereitschaft in Anspruch nahmen. Am ersten Abend besuchten wir gemeinsam ein Konzert, bei dem Dvořak gespielt wurde, dessen Musik Brod so tief interpretiert hat. Nach dem Konzert aßen wir im Hotel »Blauer Stern« am Graben, wo ich abgestiegen war, zu Abend und dann begann ein Gespräch, das eigentlich über drei Jahrzehnte nicht mehr abreißen sollte.

Brod mußte bald darauf Prag für einige Wochen verlassen, um an einer Journalisten- und Schrifstellerreise in der Sowjetunion teilzunehmen. Ich hatte noch einen kurzen Aufenthalt in Prag vor mir, wobei ich diese erste Möglichkeit, unzensiert meine Meinung zu sagen, zu einem langen Brief an meine Schwester in Argentinien benutzte. Ich hatte meine Schreibmaschine mitgebracht, saß nun in meinem Hotelzimmer und schrieb eine halbe Nacht hindurch einen ausführlichen Bericht über meine Verhaftungen, die Erlebnisse im Gefängnis, kurz über alles, was ich aus München nicht mitteilen konnte.
Am Morgen gab ich den Brief auf, kaufte mir das »Prager Tagblatt« und sah zu meinem Entsetzen die Balkenüber-

schrift: »Tschechoslowakische Behörden protestieren gegen Verletzung des Postgeheimnisses«.

Worum ging es? Die deutschen Behörden hatten Postsäcke aus der Tschechoslowakei, die für Amerika bestimmt waren, geöffnet und aufgrund von Briefen, die so von der deutschen Zensur gelesen worden waren, mehrere Verhaftungen vorgenommen.

Es ist verständlich, daß mich diese Nachricht wie ein Blitzstrahl traf. Mein Brief war aufgegeben. Er enthielt alles, was man in Deutschland nicht sagen durfte. Sollte ich auf die Gefahr hin, in München verhaftet zu werden, wieder zurückkehren?

Aber wie sollte ich ohne Geld und ohne Aufenthaltsbewilligung in Prag verbleiben?

Die erste Frage war die der nötigen Mittel. Mein Aufenthalt war von München aus nur noch für eine Woche bezahlt. In größter Sorge schrieb ich an eine Reihe von Freunden mit der Bitte, mir die in jener Zeit gestattete Überweisung von jeweils zehn Mark zukommen zu lassen. Auf diese Weise erhielt ich umgehend einen kleinen Betrag. Ich verließ das Hotel »Blauer Stern« und übersiedelte in eine Pension, die bezeichnenderweise in der Jerusalemsgasse lag.

Der Mann, dem ich mich anvertrauen konnte, Max Brod, war verreist. Ich kannte kaum einen anderen Menschen in Prag, machte zwar die Bekanntschaft von Brods Freund, den Philosophen Felix Weltsch, und hatte eine flüchtige Begegnung mit Franz Werfel, den ich zufällig in der bekannten André'schen Buchhandlung traf. Aber mit diesen mir fremden, wenn auch verehrten Männern konnte ich kaum über meine akute Notlage sprechen. So schrieb ich an meinen Münchner Freund Julius Stolberg, einen jungen Lehrer und Kantor, der sich in dieser Drangsal als wirklicher Helfer erwies. Er holte aus meinem Zimmer in München einen Koffer mit Kleidern und Manuskripten und reiste mir einfach nach Prag nach. Als ich ihm meine Verstörtheit schilderte, hatte er, der weniger besorgt war, den Einfall, der die Situation rettete.

Er meinte, man solle einfach zur Postdirektion gehen und in aller Offenheit den Fall schildern. (Er hatte volles Vertrauen zu den tschechischen Behörden. Ob dies im allgemeinen gerechtfertigt war, scheint heute fraglich.) Ein höherer Beamter, der fließend deutsch sprach, empfing uns und ich legte mein Problem dar.

Der Beamte beruhigte mich, indem er mir sachlich auseinandersetzte, daß es sich in dem in der Presse geschilderten Fall nur um Post nach Nordamerika handelte, die über Bremen ging.

Die Post nach Südamerika aber ging von französischen Häfen ab und berührte auf dem Weg dorthin das damalige deutsche Reichsgebiet nicht.

Auf diese Mitteilung hin wagte ich die Rückkehr nach München. Die Tage der schrecklichen Ungewißheit aber schilderte ich später etwas verschlüsselt in einer Novelle »Begegnung mit dem Golem«, die ich 1936 unter dem Pseudonym Tony Brook im Prager »Jüdischen Almanach« von Felix Weltsch veröffentlichte. Die Flucht in das Pseudonym war durch Rücksichten auf Freunde bedingt, die noch in Deutschland verblieben waren, während ich bereits von Jerusalem aus schrieb.

Warum »Begegnung mit dem Golem«? Es schien mir, als ob mir dieser Homunculus, dieser künstliche Mensch, den der Hohe Rabbi Löw zu Prag geschaffen haben soll, in diesen Tagen der Spannung, der Angst, wie ein heimlicher Schatten durch die verzauberte Stadt folgte, um mir den Weg aus der Verstrickung zu zeigen.

Ich habe Prag nicht wiedergesehen. So bleibt es für mich traumhaft – in seiner Schönheit und in seinem Schrecken, diesen Elementen des Traums.

VII

Zwischen Weihnachten und Neujahr 1934 auf 1935 hatte ich in Prag zum erstenmale wieder die Luft der Freiheit geatmet, aber zugleich auch die Ängste und die Unsicherheit eines Emigranten gekostet, der eine Heimat verloren hatte ohne eine neue zu gewinnen.

Ich begegnete in Prag der literarischen Emigration zum erstenmale. Zeitschriften wurden gegründet und gingen nach ein oder zwei Nummern wieder ein. Literarische Fehden, denen die Vorgestrigkeit anklebte, wurden ausgetragen.

Unvergeßlich ist mir ein Streit um merkwürdige Eigentumsbegriffe. Ein junger Literat, Heinz Politzer, der später vorübergehend in Jerusalem lebte und sich dann in Amerika als Professor der Germanistik etablierte, hatte einen Aufsatz über Thomas Mann veröffentlicht. Wutentbrannt suchte ihn der aus Berlin emigrierte Journalist Heinz Stroh auf und stellte ihn gereizt zur Rede: »Sie haben über Thomas Mann geschrieben! Thomas Mann gehört doch mir!«

Große Namen waren das einzige Eigentum der Emigranten erster Klasse, und dieselben großen Namen waren das Eigentum der Emigranten zweiter Klasse...

Man lebte im Caféhaus, weil man keine Bleibe hatte. Selbst die Post ließ man sich ins Café kommen. Jeden Tag stürzte man sich auf die Zeitungen, um die ersten Anzeichen des Verfalls des Hitlerregimes zwischen den Zeilen lesen zu können. Jeder wußte, daß Prag nur eine Durchgangsstation sein konnte — aber wohin?

Man erzählte sich, daß drei radikal links gerichtete Autoren, zwei Juden und ein Deutscher — Lion Feuchtwanger, Egon-

Erwin Kisch und Bert Brecht —, die Frage dieses Wohin miteinander berieten. Feuchtwanger entschied sich für Frankreich, Kisch für Mexiko, und nur Brecht meinte, daß es doch ein proletarisches Vaterland, die Sowjetunion, gäbe. Über soviel treudeutsche Gesinnung, so heißt es, seien Feuchtwanger und Kisch maßlos erstaunt gewesen.

Die traurige Wahrheit ist freilich, daß Feuchtwanger nicht in Frankreich bleiben konnte, sondern über die Pyrenäen fliehen mußte, wie er in seinem Buch »Der Teufel in Frankreich« berichtet. Kisch konnte im fernen Mexiko gleichsam überwintern, Brecht aber ging über Österreich, die Schweiz, Dänemark, Schweden und Finnland nach Rußland, dann jedoch bald weiter nach den USA, wo er bis zu seiner Rückkehr nach Ost-Berlin ausharrte.

Wenn mein Zionismus noch einer Bestärkung bedurft hätte, der kurze Aufenthalt in Prag hätte sie gegeben. Ebenso wie ich die mir von meiner Schwester angebotene Auswanderung nach Argentinien abgelehnt hatte, so verwarf ich nun auch jeden Gedanken an eine Emigration in eines der europäischen Zentren der geflüchteten Literatur, also nach Wien, Prag, Paris, aber auch nach Amsterdam und Stockholm. Selbst wenn es möglich gewesen wäre, dort eine Aufenthaltsgenehmigung zu erhalten, mir wäre es vorgekommen, als hätte ich keinen Boden unter den Füßen, als führte ich ein Leben ohne innere Legitimation und in tragischer Isolation gegenüber der Umwelt.

Es gab nur *einen* Weg ins Freie, den Weg nach Zion, aber auch der war verbaut. Es ist heute, da der Staat Israel um seine Existenz ringt, weithin vergessen, daß bereits vor vierzig und mehr Jahren — also zu Beginn und um die Mitte der dreißiger Jahre — der arabische Widerstand gegen die jüdische Einwanderung so groß war, daß die britische Verwaltung die Einwanderungsbestimmungen mehr und mehr verschärfen mußte und nur ganz unzulängliche Immigrationsquoten zugelassen wurden — und auch nur für Juden, die über ein Vermögen von tausend Pfund Sterling verfügten. Außerhalb dieser Quoten war die Einwanderung nur begrenzt für Pioniere und Fachleute freigegeben (sowie Kinder und Jugendliche, die direkt in Erziehungsheime in Palästina überführt wurden).

Ich war für manuelle Arbeit völlig ungeeignet und verfügte nicht einmal über tausend Mark, geschweige denn über tausend Pfund Sterling.

Trotzdem war ich von dem Bewußtsein erfüllt, daß mir der Weg nach der Urheimat meines Volkes vorgezeichnet blieb und ich ihn zu gehen hatte. Ein Wort aus dem Propheten Jesaja wurde mir zur Losung: »Und eure Ohren werden ein Wort von hinter euch her hören: dies ist der Weg, den sollt ihr gehen.«

Es gibt eine innere Gewißheit, die stärker sein kann als die Logik der äußeren Verhältnisse. Obwohl die Unsicherheit von Tag zu Tag wuchs, meine Existenzbasis äußerst schmal war, erfüllte mich nun eine Ruhe, die ich heute selbst kaum mehr erklären kann.

Meinen konfiszierten Paß hatte ich zurückbekommen (sonst wäre die Reise nach Prag nicht möglich gewesen), so daß ich doch über eine gewisse Freizügigkeit verfügte — und das genügte mir: Die Sicherheit, mein Ziel Jerusalem zu erreichen, wuchs immer mehr. Fragten mich besorgte Freunde, wie das denn zugehen sollte, so hatte ich allerdings keine klare Antwort parat.

Nur einmal wurde ich schwankend, da aber war es mein Zionismus, der mich gegen meinen Willen rettete. Im »Israelitischen Familienblatt« in Hamburg wurde ein Feuilleton-Redakteur gesucht, da mein ehemaliger literarischer Gegner Esriel Carlebach diesen Posten quittiert hatte und nach Palästina übersiedelt war.

Dem Blatt als freier Mitarbeiter verbunden, bewarb ich mich um diese Stelle. Um meiner Bewerbung aber Nachdruck zu verleihen, nahm ich kurz entschlossen den Nachtzug nach Hamburg, traf am Morgen in der Freien Hansestadt ein, die schon nicht mehr so frei war, und stellte mich bei Herrn Lessmann, dem Chef des Hauses, vor.

Ich war ihm durch meine Beiträge wohl bekannt, doch galt es zuerst eine humorvolle Prüfung zu bestehen, der er (was ich erst später erfuhr) alle Kandidaten für eine Redakteurstelle unterzog. In seinem Comptoir hing in schwerem Goldrahmen ein Ölgemälde von vorwiegend folkloristischem Wert. Es stellte einen frommen Juden mit den Gebetsriemen bei der Morgenandacht dar.

Lessmann führte mich vor das Bild und fragte: »Was fällt Ihnen daran auf?« Ich überlegte und schluckte die erste Antwort, daß es sich um ausgewachsenen Kitsch handle, zunächst einmal hinunter. Es war mir klar, daß dieses ästhetische Urteil nicht beabsichtigt sein konnte. Dann aber sagte ich: »Mir fällt auf, daß der Beter die Gebetsriemen am rechten Arm trägt; sie müssen aber am linken Arm angelegt werden, damit die Kapsel mit den Worten aus dem 5. Buch Mose über dem Herzen steht.«

Lessmann war hoch zufrieden und zugleich erstaunt, als ich hinzufügte: »Der Mann könnte aber trotzdem keinen Fehler begangen haben, denn wenn er ein Linkshänder ist, darf er die Gebetsriemen am rechten Arm anlegen.«

Das hatte Lessmann nicht gewußt, und so weit war bisher noch kein Redaktionskandidat in der Prüfung vorgedrungen.

Meine Kenntnisse in Judentumskunde und meine journalistische Bewährung bei dem Blatte halfen mir aber nichts. Lessmann erklärte mir, sein Chefredakteur Lehmann setze sich zur Ruhe und ein jüngerer Kollege, Dr. Alfred Kupferberg (der sich später in Israel Nechuschtan nennen sollte), trete an seine Stelle. Kupferberg sei Mitglied der »Zionistischen Vereinigung für Deutschland« und der zweite Redakteur müsse daher Mitglied des »Centralvereins deutscher Staatsbürger jüdischen Glaubens« sein, damit die Parität der Redaktion und die Neutralität des Blattes gewahrt bleibe. Ferner sei Kupferberg liberal-freisinnig, so daß der zweite Redakteur konservativ-orthodox sein müsse. Mit beiden konnte ich nicht aufwarten.

Rückblickend ist es kaum verständlich, wie noch 1934/35 derartige Gesichtspunkte ausschlaggebend sein konnten.

Ich mußte also unverrichteter Dinge nach München zurückkehren, was technisch nicht so leicht war, da sich meine Reise-
kasse bei meiner Ankunft als erschöpft erwies. Lessmann
mußte mir einen Vorschuß gewähren, um mich wieder loszu-
werden. Er bemaß ihn so reichlich, daß ich vor der Rückreise
noch mit einer Redaktionssekretärin im Alsterpalast dinieren
konnte (das war damals noch möglich).

Den begehrten Posten erhielt dann eine begabte Journalistin,
Margarete Hoffmann, die auch einen schönen biblischen
Roman »Dienst auf den Höhen« verfaßte. Sie übersiedelte
noch zu Beginn des Jahres 1938 mit der Redaktion des Blattes
nach Berlin. Die Arbeit im innerjüdischen Kreise gab ihr (und
nicht nur ihr) eine Scheinsicherheit. Sie dachte nicht mehr an
Auswanderung, wurde zu Beginn der vierziger Jahre von
einem Deportationskommando in ihrer Wohnung überrascht
und stürzte sich aus dem Fenster. Ein Fall von Tausenden.

Ich muß immer an dieses Schicksal denken, wenn ich das
Gebet zur Verkündigung des Neumondes lese. Es heißt in
diesem alten liturgischen Text: »Erfülle die Bitten unseres
Herzens zum Guten.« Die Weisen Israels fragten, warum hier
gesagt wird: »zum Guten«, es genüge doch, um die Erfüllung
der Herzenswünsche zu beten, denn wer wünschte sich nicht
das Gute, das Beste für sich selbst und die Seinen?

Aber, so argumentierten unsere lebensklugen Väter, wissen wir
denn immer, was uns zum Guten gereicht? Sind die Wünsche
unseres Herzens nicht oft unser Verderben?

Ich wünschte mir zum Beispiel den Redaktionsposten in Hamburg. Hätte ich ihn bekommen, wäre ich wohl auch mit nach
Berlin gegangen. Und kein Weg ins Freie hätte sich mehr
aufgetan.

Jetzt aber fügte es sich wunderbar. Der Großvater meiner
Frau, der königliche Antiquar Jacques Rosenthal, entschloß
sich, dem jungen Paar die gemeinsame Auswanderung nach
Palästina zu ermöglichen. Dieser alte Mann, Freund des baye-
rischen Königshauses und der Hocharistokratie, vertrauter
Berater von Kirchenfürsten und führenden Männern des deut-

schen Geisteslebens, hatte keinerlei Beziehungen zum Zionismus, ja seine Bande zum Judentum waren bereits so gelockert, daß es eigentlich nur noch eine verblassende Kindheitserinnerung darstellte.

Und doch verstand er die Zeichen der Zeit. Nicht für sich selbst. Als er sein schönes, kultiviertes Haus an der Brienner Straße verlassen mußte, übersiedelte er mit seiner Frau in das nahe gelegene Regina-Palast-Hotel, wo ihn ein gütiges Geschick seine Tage beschließen ließ, noch ehe es zum Äußersten, zur Deportation kam.

Aber er hatte verstanden, daß *wir* einen ganz anderen Weg gehen mußten.

Ich hatte das Herz des alten Mannes durch mein Interesse für seine Schätze gewonnen. In der Handschriftensammlung des Antiquariats entdeckte ich hebräische Manuskripte aus dem 16. und 17. Jahrhundert, kabbalistische Texte aus der Schule des Rabbi Isaak Luria aus Safed in Galiläa, über den ich, wie bereits erwähnt, einen historischen Roman schrieb. Noch heute befinden sich Ablichtungen aus diesen seltenen Handschriften in meinem Besitz. Wenn ich auch nur wenige Wörter entziffern konnte, so halfen mir die wunderlichen Zeichnungen und ornamentalen Anordnungen doch zu einem besseren Verständnis der mystischen Welt des Heiligen Löwen von Safed. Jacques Rosenthal hatte ein feines Gespür für den Wert solcher Objekte, selbst wenn ihm ihr Inhalt ganz fremd blieb.

Über die Bibliophilie ergab sich so eine Beziehung, die über die Gegensätze der Generationen, der Weltanschauungen und sozialen Verhältnisse hinweg führte und eine beglückende Vertrauensbasis schuf.

Jacques Rosenthals Enkelin Gabriella und ich heirateten zu Pfingsten 1935. Die Trauung fand in der kleinen orthodoxen Synagoge an der Herzog-Rudolf-Straße statt, mit deren Rabbiner, Dr. Ehrentreu, mich freundschaftliche Bande verknüpften, obwohl wir uns weltanschaulich eigentlich schon fern standen. Das Gotteshaus war noch mit den frischen grünen Birken des jüdischen Pfingstfestes geschmückt und ihr herber

Duft erfüllte den vertrauten Raum, der wenige Jahre später, in der Nacht vom 9. auf den 10. November 1938, wie fast alle Synagogen im Deutschen Reich zerstört werden sollte.

Vorher aber mußte noch die standesamtliche Trauung – vor der Hitlerbüste absolviert werden und man überreichte uns ein deutsches Einheits-Familienstammbuch mit dem Stadtwappen Münchens. Das war alles noch möglich, ja nötig.

Auch in der Synagoge fanden sich noch manche christlichen Freunde ein. So erinnere ich mich an den Kunsthistoriker Wilhelm Hausenstein, der sich nicht genug darüber wundern konnte, daß er in einem Gotteshause den Hut nicht abnehmen, sondern aufsetzen sollte, und an den Zeichner Rolf von Hörschelmann, der uns zum Abschied ein Aquarell seines Hauses am Starnberger See schenkte. Er selbst sah in winziger Miniatur aus einem Dachfenster und winkte zum Abschied.

Dieser Tag unserer Hochzeit war nun auch tatsächlich der Tag des Abschieds nicht nur von München, sondern von Deutschland, von der Welt unserer Kindheit und Jugend.

Ich habe dieses Kapitel »Der Weg ins Freie« überschrieben, wählte also den Titel, den Arthur Schnitzler 1908 über seinen Roman gesetzt hatte. Die Schlußsätze dieses Werkes spiegeln genau meine eigene Seelenverfassung in dieser Zeit des Abschieds und Umbruchs: »In seiner Seele war ein mildes Abschiednehmen von mancherlei Glück und Leid, die er in dem Tal, das er nun für lange verließ, gleichsam verhallen hörte; und zugleich ein Grüßen unbekannter Tage, die aus der Weite der Welt seiner Jugend entgegenklangen.«

Ich will das betonen, denn nicht nur Schrecken und Abscheu, Furcht und Grauen erfüllten mich, sondern zugleich auch ein Abschiednehmen von mancherlei Glück ... Das ist es, was uns von Juden anderer Länder unterschied und unterscheidet: Unser Verhältnis zu Deutschland und seinem Volk blieb ein ambivalentes. Wir haben dort nicht nur Leid, sondern auch Glück empfangen, vor allem aber die unverwesliche Gabe der Sprache, aus der es keine Auswanderung gibt.

Ein Land kann man verlassen, mit einem Volk die Beziehungen abbrechen, aber die Sprache ist so sehr Teil unserer eigenen Existenz, daß es hier keine Trennung geben kann. Und das Glück der Sprache, das uns in ihren schönsten Dichtungen erblüht, kann durch kein Leid vernichtet werden.

Aus der Sprache bin ich nie ausgewandert, und ich schreibe auch heute diese Erinnerungen in der Sprache, die mir nicht welkte. Sie blieb grün an des Lebens goldnem Baum, unveräußerlicher Wesenskern einer Bemühung, die sich immer und immer wieder nur in dieser Sprache verleiblichen konnte.

Der Weg führte uns zunächst über Innsbruck nach Venedig, von dort reisten wir auf die Insel Elba und machten Abstecher nach Florenz und Bologna, wo die Familie meiner Frau mütterlicherseits ansässig war. Schließlich erreichten wir über Zürich unser Ziel, den Zionistenkongreß in Luzern.

In Florenz lebte, nein residierte, Gabriellas Großvater Leo S. Olschki, ebenfalls ein Fürst des Buches, ein wahrer Aristokrat und Humanist. Er schrieb, neben Italienisch und Deutsch, Englisch und Französisch, auch Lateinisch und sogar Hebräisch. Ritter der italienischen Krone und Träger päpstlicher hebräisch-humanistischen Neigungen weiter entwickelt, korrespondierte hebräisch mit seinem Jugendfreund, dem Präsidenten der Zionistischen Weltorganisation, Nachum Sokolow, dem ich Grüße in Luzern überbringen durfte.

Olschki stammte aus Johannisburg in Ostpreußen, war aber schon in jungen Jahren nach Venedig und später nach Florenz gezogen, wo er einer der bedeutendsten Verleger und Antiquare Italiens wurde und hervorragendes für die Dante-Forschung leistete.

Natürlich boten sich mir im Rahmen der großzügigen Unternehmungen Olschkis in Italien durchaus Arbeitsmöglichkeiten an, aber meine junge Frau und ich lehnten das in der klaren Erkenntnis ab, daß der Faschismus seinem deutschen Ableger, dem Nationalsozialismus, auf dem Wege des Antisemitismus nachfolgen müsse.

Das erkannten die Juden Italiens in dieser Zeit nicht. Ich erinnere mich, daß ich in einer Synagoge in Venedig die Ausschreibung einer Rabbinatsstelle gesehen habe, wobei die Mitgliedschaft in der Faschistischen Partei Voraussetzung für den Kandidaten war. Das ist heute völlig vergessen.

Mussolini, der Duce, der Führer des faschistischen Italiens, ließ sich noch von dem jüdischen Emigranten Emil Ludwig interviewen, der ein begeistertes Buch über ihn veröffentlichte, und die jüdische Dichterin Else Lasker-Schüler behauptete, daß Mussolini ihre Gedichte lese, was sich allerdings nicht nachprüfen ließ.

Mir aber war klar: Wer die Macht anbetet, muß Israel verfluchen. Jahrzehnte später wurde mir allerdings bewußt, daß hier auch eine latente Gefahr gegeben ist, denn wenn Israel sich selbst der Macht verschreiben will, kann es auf die schiefe Bahn der Selbstverfluchung geraten. Es ist als ein Zeuge des Geistes in die Wüste der Völker gestellt, doch Geist und Macht sind im Grunde Antipoden. Das haben wir bei Jacob Burckhardt gelernt. Wann wäre Platons ideale Synthese erreicht worden? Wann wurden die Könige Philosophen oder die Philosophen Könige? Wohl gab es in der Geschichte Ansätze in dieser Richtung; doch sie sind meist tragisch verlaufen. Daß die brutale Bejahung der Macht und der Machtwille, wie sie in unserem Jahrhundert in Faschismus und Nationalsozialismus historisches Verhängnis wurde, sich nicht auf eine Bejahung des Judentums einlassen könnte, ist selbstverständlich ... und wurde daher nicht verstanden. Bei uns ist das ganz anders, erklärten mir Juden in Italien und lächelten über meinen verbissenen Pessimismus, der dieser Pax Romana keine lange Lebensdauer verhieß.

Aber solche Erkenntnis minderte nicht den Zauber der Lagunenstadt, den ich nun zum zweiten Male erlebte. 1931 hatte mich eine romantische Italiensehnsucht schon dort hin getrieben.
Hochzeitsreise nach Venedig – es war alles noch in der besten Tradition einer bürgerlichen Hochkultur, die rascher versank als das langsam sinkende Venedig. Die Wetterwand, die am

strahlend blauen Himmel aufstieg, war uns bewußt, nicht aber den Menschen rings um uns.

Italien erlebte ich aber eigentlich nicht in Venedig, auch nicht in Florenz und Bologna, so tief mich die Szenerie dieser Städte auch beeindruckte und so unvergeßlich der große Reichtum ihrer Kunst bleibt; der Seele Italiens begegnete ich auf Elba, wo uns noch einige Wochen eines paradiesischen Inseldaseins beschieden waren.

Wir hatten in dem nahe dem Hafenstädtchen Portoferraio gelegenen Ottone eine kleine Villa gemietet, die den Namen »Corsetti« führte, was uns zu der Verdeutschung »Haus Hüftgürtel« verlockte.

Spricht man den Namen Elba aus, denkt alle Welt nur an Napoleon. Das ist ein Fehler. Natürlich gibt es Erinnerungen an den Zwangsaufenthalt des Korsen, doch sie interessierten mich wenig. Meine Abneigung gegen Diktatoren erstreckte sich rückwirkend, wenn auch vielleicht nicht ganz zu Recht, auch auf Bonaparte. Wohl verband er Diktatur mit Humanismus, was man seinen kläglichen Nachfolgern nicht nachrühmen kann, aber dennoch waren die Blutopfer seiner Expansionspolitik so unerhört, daß mich die späte Napoleon-Schwärmerei immer abstieß.

Ich hatte mein Traum-Safed mit auf die Insel gebracht und schrieb mein Luria-Buch dort fertig, wobei mir die Szenerie so glücklich gelang, daß ich bei späteren Besuchen in Safed und Jerusalem eigentlich keine Korrekturen mehr vornehmen mußte. Auf die Insel begleitete uns Eichendorffs »Aus dem Leben eines Taugenichts«, in dem die Italienbegeisterung der Romantik mit so viel Humor vermischt ist, daß die Klippen des Sentimentalen immer vermieden werden.

Ein seltsames Erlebnis auf dem kleinen Friedhof der Insel regte mich zu der Novelle »Begegnung auf Elba« an, die später in eine von Richard Hoffmann und W. A. Oerley herausgegebenen skurrilen Anthologie der besten unheimlichen Geschichten der Welt aufgenommen wurde.

Eine uns persönlich völlig unbekannte junge Russin von wilder Schönheit, die wir das Steppenpony zu nennen pflegten, begegnete uns und nahm vorübergehend in unserer »Villa Corsetti« Quartier. Das junge Mädchen bereitete sich auf ihre Verehelichung vor, wurde von einem Jesuitenpater geistlich ·betreut und machte gelegentlich einen verstörten Eindruck, wobei sich mir die Ursache ihrer Depression nicht enthüllte. Ganz unvermittelt war Alexandra Iljinskaja (oder so ähnlich) aus unserem Kreise verschwunden, aber auf dem kleinen Friedhof der Insel entdeckten wir ein namenloses Grab, das statt einer Inschrift eine alte Fotografie zeigte – aus der Zeit vor dem Ersten Weltkrieg –, die in allen Zügen unserer Alexandra glich. Die Ähnlichkeit war so frappierend, daß man eigentlich von Identität sprechen mußte.

Es soll sich, wie ich erfuhr, um das Grab einer Unbekannten gehandelt haben, die vor Jahrzehnten zu einem kurzen Besuch auf der Insel weilte und dort plötzlich gestorben war.

Diese Episode befestigte in mir Vorstellungen von wiederholten Erdenleben, zu denen ich nicht zuletzt durch meine Arbeit an dem kabbalistischen Roman über das Leben des Isaak Luria angeregt wurde.

Etwas weiter zurück lag die Beschäftigung mit der Anthroposophie Rudolf Steiners, auf den mich die mir befreundete Münchener Buchhändlerin Gertrud Metzger hingewiesen hatte. Zum Abschied von Deutschland gab sie mir Steiners Botschaft der Anthroposophie: »Welten-Pfingsten« mit. Die kleine Schrift öffnete mir Ausblicke auf Steiners großes Werk, in welchem sich auch viele Elemente kabbalistischer Mystik wiederfinden, wenngleich Steiner sich diesem Bereich mehr intuitiv als kenntnismäßig genähert hatte.

Auf der Insel Elba konnte ich am 20. Juli 1935 meinen zweiundzwanzigsten Geburtstag feiern, zum erstenmale außerhalb Deutschlands, aber schon einen Monat später verließen wir die gastliche Insel, da ich für die Zeitschrift »Der Ruf«, die Dr. Nathan Birnbaum, Herzls ursprünglicher Mitarbeiter und späterer ideologischer Gegner, in seinen letzten Lebensjahren in Scheveningen in Holland herausgab, am Zionistenkongreß in Luzern teilnehmen mußte.

Die Kongreßtage stellten für mich die erste Begegnung mit der gesamten zionistischen Weltbewegung dar, so daß sie mir rückblickend wie eine kurze, aber intensive Vorbereitung für die Übersiedlung nach Palästina erscheinen. Zu Nachum Sokolow, dem Präsidenten der Organisation, kam ich, wie vermerkt, mit einer Empfehlung seines Jugendfreundes Leo S. Olschki. In einer Kongreßpause konnte ich mit Sokolow den Plan der Errichtung eines Buch-Antiquariates in Palästina erörtern. Als Bibliophile zeigte er reges Interesse und empfahl mich dem Bürgermeister von Tel Aviv, Meir Dizengoff, der sich damals gerade um die Gründung des ersten Kunstmuseums in seiner Stadt bemühte und daher an meinen bibliophilen Projekt interessiert sein konnte.

Die Umstände brachten es aber mit sich, daß ich doch Jerusalem als Domizil vorzog und so entstand auch das Antiquariat in dieser Stadt, die vor allem als Universitätsstadt den besseren Rahmen für solche Unternehmungen abgab. Die Buchhandlung, der ich den Namen Heatid (Die Zukunft) gab, besteht bis heute, allerdings nicht mehr als wissenschaftlich-bibliophiles Antiquariat, sondern als Sortiment, aus dem ich mich bald zurückgezogen habe.

Wie seltsam und wetterleuchtend war ein Zionistenkongreß in diesen Tagen in der Schweiz, in relativer Nähe jenes Dritten Reiches, in dem Juden kein freies Wort mehr sprechen konnten. Auf der Terrasse des Kasinos trat ein Mann in mittlerem Alter mit dem damals üblichen typisch deutschen Bürsten-haarschnitt auf mich zu und stellte sich mit den Worten vor: »Ich bin der berüchtigte Schwarzer.«

Er erklärte offen, als Agent und Spitzel der Gestapo an dem Kongreß teilzunehmen. Er schüttete mir sein gramvolles Herz aus und erzählte, daß seine jüdische Mutter als Geisel in Deutschland zurückgeblieben war. Schwarzer hatte vor allem Berichte über die Delegierten aus Deutschland nach Berlin zu liefern, doch er beteuerte, seine Informationen so abzufassen, daß niemand geschädigt würde. Der Spion mit offenem Visier hatte meine Unterredung mit Sokolow beobachtet und wollte nun Einzelheiten erfahren. Er war sehr enttäuscht, als ich ihm wahrheitsgemäß meine buchhändlerischen Pläne für Palästina mitteilte.

Schwarzer war offenbar doch nicht ganz so harmlos, wie er sich gab, denn die deutsche Delegation ließ auf dem Kongreß eine Warnung vor ihm zirkulieren.

Dieser winzige Zwischenfall wirft ein Schlaglicht auf die unheimliche Situation der Weltstunde. Scheinbar frei diskutierten Zionisten aus Europa, Amerika und natürlich auch aus Palästina die Probleme ihrer Bewegung, aber im Hintergrund lauerte bereits die Vernichtung. Nur noch eine ganz geringe Atempause war gegeben, die nicht voll ausgenutzt wurde.

Von Luzern aus fuhren wir nach Zürich, wo mein Schwiegervater das dritte Zentrum des Buch-Imperiums der Familien Rosenthal und Olschki errichtet hatte, das Buch- und Kunst-Antiquariat L'Art Ancien an der Pelikanstraße. In den bücherschweren Räumen dieses Hauses las ich zum erstenmale vor geladenen Gästen aus dem Luria-Buch, das ich auf unserer Insel beendet hatte.

Mit Dr. Erwin Rosenthal, dem Verfasser bedeutender Werke über frühe europäische Kunst, der zugleich auch ein begabter Bühnenautor war, und mit seiner charmanten Frau Margerita, die mir für eine Schwiegermutter viel zu jung erschien, sollte mich eine lebenslange beglückende Freundschaft verbinden, der auch die spätere Lösung unserer Ehe nichts anhaben konnte.

Während unseres Aufenthaltes auf Elba erhielt ich aus Prag »Erzählungen und kleine Prosa« sowie »Amerika«, die ersten Bände der Kafka-Gesamtausgabe, die Kafkas Freund Max Brod mit Unterstützung von Heinz Politzer ediert hatte.

Politzer war Brods zweiter Helfer bei der Edition von Kafkas Nachlaß, denn als er 1931 Novellen, Skizzen und Aphorismen aus dem Nachlaß Kafkas unter dem Titel »Beim Bau der chinesischen Mauer« herausgab, hatte Hans-Joachim Schoeps mitgearbeitet. Brod bemerkte im Nachwort zu der Zweitausgabe »Beschreibung eines Kampfes«: »Schoeps hat sich um die sehr mühsame Ordnung, Datierung und Redaktion dieser Manuskripte große Verdienste erworben; doch hinderten mich leider weltanschauliche Differenzen der ernstesten Art, die sich allmählich auch auf die Deutung der Werke Kafkas erstreckten und an ihr immer mehr verdeutlichten, an der Fortführung der gemeinsamen Arbeit.«

Worum ging es? Eigentlich primär nicht um Kafka, sondern um den Zionismus, zu dem sich Max Brod offen bekannte, während Schoeps im Zionismus direkt eine jüdische Häresie sah. Er betonte sein Preußentum, ohne sein Judentum zu verleugnen, und blieb dieser Doppelhaltung über alle Wandlungen der Zeit hinweg treu.

Mich selbst verbanden mit Schoeps jüdisch-theologische Interessen. Gemeinsam war uns die Bemühung einer theologischen Grundlegung jüdischen Glaubens aus moderner Bewußtseinshaltung. Meinen Versuch »Jenseits von Orthodoxie und Liberalismus«, der dieser Gesinnung Ausdruck gab, wollte Schoeps in seiner Schriftenreihe herausgeben. Das Buch war bereits angezeigt, aber als durch den Eingriff der Nazis alle jüdische Verlagstätigkeit lahmgelegt wurde, mußte auch dieser Plan aufgegeben werden. Das Buch erschien dann später in Tel Aviv und nach dem Krieg in einer zweiten Auflage in Frankfurt am Main. Ich hatte Schoeps nach München in eine von mir gegründete theologische Gesprächsrunde eingeladen. Er kam und referierte in seiner klaren, etwas provokanten Diktion über die Grundthesen seiner Konzeption des Judentums. Er sah im Judentum zwar durchaus biblisch das Bundesvolk Gottes, das aber auf Weltzeit von aller Politik suspendiert sei und sich bis zum Anbruch des messianischen Reiches jeweils mit den Völkern seiner Umwelt zu identifizieren habe, allerdings mit der Reservatio mentalis einer eschatologischen Sendung.

Terminologie und Denkform waren stark von der dialektischen Theologie Karl Barths her bestimmt.

Es versteht sich, daß weder Max Brod noch ich hier mithalten konnten, doch minderte das meine Wertschätzung Schoeps nicht im mindesten.

Später scheiterte auch die Zusammenarbeit Brods mit Politzer, da dieser nach einem kurzen Aufenthalt in Jerusalem die zionistischen Wege Brods verließ und sich in Amerika einem Humanismus verschrieb, der jüdische Rückbindungen nicht mehr zuließ.

Diese weltanschaulichen Differenzen erstreckten sich aber doch auch auf die Interpretation Kafkas. Brod wurde nicht müde zu betonen, daß Kafka erklärter Zionist gewesen sei und den festen Entschluß gefaßt hatte, als Landarbeiter nach Palästina zu gehen. Er habe zu diesem Zweck fleißig hebräisch gelernt und habe, nach Brods Aussage, mehr hebräische als deutsche Manuskripte hinterlassen. Allerdings kommt diesen hebräischen Schriften Kafkas keinerlei literarischer Wert zu — es handelte sich nämlich nur um die Sprachübungen eines Schülers.

Die mir durch Brod vermittelte Begegnung mit dem Werke Kafkas wirkte zunächst verwirrend und beklemmend auf mich. Die tragische Ausweglosigkeit als Grundposition Kafkas schien mir in einem kurzen Gedicht von Christian Morgenstern vorgegeben:

Ich will den Kapitän seh'n, schrie
Die Frau, den Kapitän, verstehen Sie?
Das ist unmöglich, hieß es, gehen Sie,
So geh'n Sie doch, Sie seh'n ihn nie.
Das Weib mit schrecklicher Gebärde:
So sagen Sie ihm dies und das.
Sie spie die ganze Reeling naß.
Das Schiff, auf dem sie fuhr, hieß Erde.

In diesen Versen, in dieser Unmöglichkeit, zum Kapitän (zum »Schloß« oder zum Richter im »Prozeß«) vorzudringen, schien mir die »Kafkaeske Situation« zusammengefaßt: Das Schiff Erde, das Menschenleben, das von den Mächten abgeschnitten ist, von denen es abhängt.

In diesem Sinne schrieb ich an Max Brod und er antwortete mir am 30. 8. 1935:

»Ihren langen Brief über Kafka kann ich nicht so ausführlich beantworten, wie ich möchte... Das Morgenstern-Gedicht, das Sie zitieren und das ich nicht kannte, gibt tatsächlich sehr gut ein Segment von Kafkas Welt wieder. Aber nur ein Segment. – Daß K. Abkürzung für Kafka ist, führe ich selbst in einem der Nachworte aus... Sehr staune ich, daß Sie das Jüdische in Kafka nicht sehen. Der Mensch, der sich nicht einwurzeln kann, der vergebens Fühlung mit dem Boden, den Dörflern, dem Schloß sucht, ist das nicht der Assimilationsjude? Ist die Diskussion über die Legende ›Vor dem Gesetz‹ im ›Prozeß‹ nicht typisch für so viele Diskussionen des Talmud? Auch im Stil, in der Form! Ebenso die Aphorismen in der ›Chinesischen Mauer‹. Ist nicht, wie Margarete Susmann in einem tiefen Essai im ›Morgen‹ sagte, überall bei Kafka die Hiobsfrage gestellt, die Urfrage jüdischer Religion nach dem *Sinn* der *Leiden* des *Gerechten*? Ich hoffe, daß die weiteren Bände der Kafka-Ausgabe Ihre Kafka-Erkenntnisse noch erweitern und intensivieren werden. Selbstverständlich gibt es nicht eine Formel für ›das Jüdische‹ schlechthin. Es gibt viele Komponenten jüdischer Geisteshaltung. *Eine* davon, beinahe verzweifelte, die sich aber immer noch mit einem letzten Rest unserer antiken Größe an ›Gottes Mantelzipfel‹ festhält, *eine* davon ist in Kafkas Werk mit überraschender Klarheit und in Analogie zum Buch Hiob, zum Buch Kohelet neu repräsentiert für alle Zeiten. So scheint mir, ich werde darüber einiges in der Kafka-Biographie sagen, an der ich arbeite.«

In der Tat hat sich später meine Kafka-Erkenntnis erweitert und intensiviert und das Jüdische in Kafka wurde mir, allerdings an der Hand Max Brods, immer klarer sichtbar. Ich kann indessen bis heute verstehen, daß für viele Leser und Interpreten Kafkas dieser Aspekt nicht zentral werden kann. Es ist die Situation des Menschen schlechthin, des »verwalteten Menschen« wie es H. G. Adler neuerdings in seinen Studien zur Deportation der Juden aus Deutschland bezeichnete. Er stellte ein Gesprächszitat aus Gustav Janouchs Gesprächen mit Kafka über diese Studie: »Kafka: Ein Henker ist ein ehrsamer, nach der Dienstpragmatik wohlbezahlter Beruf. Warum sollte also nicht in jedem ehrsamen Beamten ein Henker stecken?

Janouch: Die Beamten bringen doch keinen um!

Kafka: Und ob sie es tun! Sie machen aus lebendigen, wandlungsfähigen Menschen tote, jeder Wandlung unfähige Registraturnummern!«

K., der Held oder Antiheld Kafkas, ist der verwaltete Mensch, der seine Identität verliert, der nie zu der Macht vordringen kann, die ihn eigentlich verwaltet. Das ist die Situation in jeder Bürokratie – und wo gäbe es heute ein Leben außerhalb der Bürokratie? Das Dämonische der Bürokratie, das hinter den Tapeten der Amtsräume lauert, wird bei Kafka unheimlich deutlich. Aber es ist wiederum nicht zufällig, daß Adler dieses Bekenntnis Kafkas über ein Buch zur jüdischen Tragödie schreibt.

In der Position des Juden wird die Position des Menschen exemplarisch. So löst sich vielleicht der Streit um Kafka und um die Frage: Ist Kafka primär ein Dichter des jüdischen Schicksals oder des menschlichen Schicksals im allgemeinen?

Max Brod litt an der Entjudaisierung Kafkas einerseits und an der pantragistischen Interpretation seines Werkes andrerseits. Er glaubte, daß unter der Decke des Tragischen, des Dämonischen, der Ausweglosigkeit, bei Kafka zwischen den Zeilen doch immer wieder Hoffnung spürbar würde.

Ob ihn nicht sein eigener Optimismus, ein Optimismus der mit viel Schopenhauerschem Pessimismus durchsetzt war, zu dieser Deutung Kafkas verleitete?

Viele unserer Gespräche kreisten um dieses Problem, das wohl nie ganz zu lösen sein wird. Brod hatte allen anderen Deutern Kafkas voraus, daß er dem Dichter in tiefer Freundschaft persönlich verbunden war. Das gab seiner Interpretation die Authentizität, aber zugleich auch einen Schuß von Subjektivität.

Die zwei ersten Bände der Kafka-Ausgabe führte ich im Reisegepäck mit mir, während meine Bibliothek erst Monate später, in Kisten verpackt, wohlbehalten in Haifa landete.

Ende September schifften wir, meine junge Frau und ich, uns in Triest auf dem argentinischen Dampfer »Conte Grande« nach Palästina ein. Auf ihm fuhren auch führende Delegierte des Kongresses, unter ihnen Kurt Blumenfeld, der bewährte Sprecher des deutschen Zionismus, in die neue Heimat.

Das jüdische Neujahrsfest hatten wir noch in Verona verlebt, wo ich nicht nur die kleine Synagoge besuchte, sondern natürlich auch das Grab des unsterblichen Liebespaares Romeo und Julia. Wie man weiß, erhalten diese unglücklichen Liebenden bis heute noch Briefe, die von einem städtischen Beamten beantwortet werden.

Welch ein Beamter! Ein Anti-Kafka-Beamter, der Lebendige nicht tot, sondern Tote lebendig macht. Auch das gibt es, aber es bleibt wohl eine freundliche Randerscheinung.

Wie gut war es, daß man in diesen Jahren noch nicht im Flugzeug nach Palästina reiste. Der Staat Israel sieht sich heute genötigt, seine zivile Schiffahrt abzubauen, ja einzustellen. Wer will noch tagelang auf dem Meere fahren, wenn er in wenigen Stunden durch die Luft sein Ziel erreichen kann?

Aber dieses Tempo hat auch seine Nachteile. Walter von Molo hat einmal über Luther bemerkt, daß er in der Eisenbahn (oder heute sogar auf der Autobahn) viel zu rasch von Eisenach zum Reichstag nach Worms gelangt wäre. So aber, im wackligen Pferdewagen, hatte er tagelang Zeit, sich sein entscheidendes Auftreten vor dem Kaiser und den Reichsständen zu überlegen.

Wer in drei Stunden von München nach Tel Aviv fliegt, der muß oft feststellen, daß die Seele erst sehr viel später, gleichsam zu Fuße, nachhinkt. Wir verkraften das Tempo der Technik nicht, werden auch von ihr manipuliert und verwaltet, ohne es immer zu realisieren.

Ich aber hatte mich lange und langsam auf die Übersiedlung vorbereitet. Trotzdem blieb mir der Schock nicht erspart, der aus dem Zusammenprall von Traum und Wirklichkeit entstehen *muß*.

Nun aber stand ich in Triest an der Reeling des Schiffes, das langsam, majetstätisch in die Wellen schnitt — mit Kurs auf das Land, das ich mit der Seele gesucht hatte.

Während die Schiffssirene über den Hafen hin schrillte, zogen mir die Worte Fausts durchs Gedächtnis:

Ins hohe Meer werd' ich hinausgewiesen,
Die Spiegelflut erglänzt zu meinen Füßen,
Zu neuen Ufern lockt ein neuer Tag.

Im Jahre 1965 veröffentlichte das Presse- und Informations-
amt der Landeshauptstadt München eine illustrierte Broschüre
»Heimweh nach München – Das Schicksal der emigrierten
jüdischen Bürger Münchens«. Die kleine Schrift fand eine so
starke Resonanz, daß sie zwei Jahre später in zweiter Auflage
erscheinen konnte, wobei die Jugendkontakte mit Israel beton-
ter zum Ausdruck gelangten.
Beide Ausgaben wurden durch Vorworte des damaligen Ober-
bürgermeister Dr. Hans-Jochen Vogel eingeleitet, denen mein
Gedicht »München« folgte, das dem 1958 von Hans Lamm
herausgegebenen Sammelband »Von Juden in München«, entnommen war. Schon im Erstabdruck und in allen weiteren
erhielt sich hartnäckig ein gravierender Datierungsfehler, der
hier korrigiert sei. Dem Gedicht ist die Jahreszahl 1957 beige-
geben; sie muß aber 1937 heißen, und nur aus der Situation
von 1937 sind auch die Verse zu verstehen, die in Jerusalem
entstanden, als mir die Stadt meiner Herkunft verschlossen
war:

Immer ragst du mir in meine Träume
Meiner Jugend – zartgeliebte Stadt,
Die so rauschende Kastanienbäume
Und das Licht des nahen Südens hat.

Ja, die Schatten deiner schlanken Türme
Liegen blau auf meinem Augenlid.
Deine langen Regen, deine Stürme
Rauschen, brausen noch durch mein Gemüt.

Daß ich dir so sehr gehöre,
Stadt am Rand der Berge und der Seen,
Daß ich deine Kirchenchöre
Deine Schrammelweisen in mir höre,
Wußte ich – und mußte dennoch gehn.

Ist das Echo meiner Kinderschritte
In den Straßen dort noch nicht verhallt?
Hängt noch manche ungewährte Bitte
In den dunklen Kronen dort im Wald?

Sitzt vielleicht ein Mädchen noch am Fenster
In dem stillen Hause vor der Stadt,
Die mich einst vergnügter und beglänzter
Und beschwingter auch gesehen hat?

Sicher binden mich solch feine Fäden
– Wie Altweiberhaar im Sommerwind –.
Warum machtest du mich sonst in jedem
Meiner Träume krank und tränenblind?

Sicher träumst du, wenn die Ave-Glocken
Aus den Türmen auf die Dächer taun,
Von den wilden, hellen Kinderlocken,
Von den Augen, die dich staunend schaun.

Meine Augen waren's und mein Haar. –
Des Vertriebenen gedenkst du nun.
Der ich, ferne Stadt, der deine war,
Darf in deinen Mauern nicht mehr ruhn.

Aber deine Mauern ruhn in mir.
In den Nächten baue ich dich neu,
Durch die nieverschlossne Träume-Tür
Darf ich dich betreten ohne Scheu.

1957 war sie mir nicht mehr verschlossen. Schon ein Jahr vorher, im Sommer 1956, hatte ich München zum ersten Male wieder besucht. Inzwischen sind es bald zwanzig Besuche, die ich der verlorenen und wiedergefundenen Stadt abstattete.

Es schreibt sich so leicht hin – »besuchte ich München zum ersten Male wieder«. Es war furchtbar schwer. Es hat Jahre gedauert, bis ich die Kraft zu diesem Wiedersehen erlangte, ermuntert durch viele Einladungen. Ohne diese hätte ich die Reise in die Vergangenheit nie gewagt.

Man stellt sich vielleicht ein erstes Wiedersehen schön und rührend vor. So lange hast du von München geträumt, jetzt bist du da. Das Verlorene steht dir wieder offen...

Nichts von alledem. Dieses erste Wiedersehen glich einer Schockbehandlung und tatsächlich hatte es therapeutische Wirkungen. Die Träume hörten auf... wenigstens für einige Zeit. Die Stadt war entzaubert. München leuchtete nicht.

Wie ein Toter auf Urlaub hastete ich durch die Straßen, wollte alles sehen und fand nichts. Nicht fremd, sondern verfremdet war das Angesicht der Stadt. Es trieb mich zu meinem Elternhaus, zum Hause meiner Großeltern, zu den leeren Plätzen, auf denen sich vormals die beiden Synagogen Münchens erhoben, mit denen mich so viele Erinnerungen verbanden. Auch die Schule fand ich nicht mehr, doch unversehrt den Englischen Garten mit seinem Herzstück – dem Monopteros.

In meinem Hotelzimmer schrieb ich einige Verse nieder, die bisher nicht veröffentlicht wurden. Die innere Wahrheit gebietet, sie dem Traumgedicht von 1937 zu konfrontieren:

Wiedersehen mit München

Verwandelt ist, verwaist die Stadt.
Es jagt der Wind des alten Hasses durch die Gassen.
Die mich vertrieben und verstoßen hat —
Ich kann sie jetzt nicht mehr erfassen.

Wo bist du hin — beschwingte Stadt der Träume?
Ich treibe ruhlos durch dein Mauerwerk.
Verlassene, zerfallne Räume
Und Fremdheit, Fremdheit — wie ein Berg.

Unübersteigbar fremd — und ich allein!
Wo blieb die Liebe, die mich hier umfangen?
Entschwundne Stadt, wie kann es möglich sein,
Daß wir noch immer aneinander hangen?

Schicksalsverbunden — dennoch abgetrennt!
Zerstörte Stadt — zerstörtes Herz.
O Liebe, Liebe, die noch immer brennt
Aus den Ruinen himmelwärts.

Da stehen sie nun, einander konfrontiert, diese beiden Gedichte, diese beiden Wegzeichen.
Man könnte sie unter dem Titel zusammenfassen, den Franz Werfel seinem Totenpsalter gab: »Schlaf und Erwachen«, oder vielleicht noch deutlicher unter dem postumen Werktitel einer Ausgabe der Gedichte von Else Lasker-Schüler aus dem Jahre 1962: »Helles Schlafen — dunkles Wachen«.
Nun aber fehlt eine dritte poetische Aussage meiner neuen München-Existenz. Es blieb nicht bei hellem Traum und dunklem Erwachen. Fast neige ich dazu, das Hegelsche System hier anzuwenden: These — Traum, Antithese — Erwachen, Synthese — eine neue Wirklichkeit.
Diese neue Wirklichkeit habe ich neuen Menschen zu verdanken, die mir die alte Stadt wieder lebendig machten. Ich will

sie hier nicht mit Namen nennen, um keinen zu vergessen; sie wurden mir zu einer Wolke der Zeugen für den Sieg der Liebe und Freundschaft über Haß und Feindschaft. Das sei in Dankbarkeit hier bezeugt.

Bei meinen neuerlichen Besuchen in München mußte ich oft an den Epilog zum Buche Hiob denken, dem klassischen Zeugnis der göttlichen Wiedergutmachung: »Und es kamen zu ihm alle... die ihn vormals kannten und aßen mit ihm... und kehrten sich zu ihm und trösteten ihn über alles Übel, das der Herr über ihn hatte kommen lassen...«

So steht's in der Bibel, in der Geschichte von Hiob, der nach einem talmudischen Wahrwort niemals gelebt hat. Er hat nie gelebt, aber er lebt immer. Der Epilog bleibt ein Märchen. Die erduldeten Schmerzen können von Hiob nicht genommen werden, aber dennoch gibt es die Wahrheit dieser Märchen, denn sie sind Gleichnisse wirklichen Lebens.

Das Land meiner Jugend lag an der Isar und war dennoch ein »Zweistromland«.

Im Jahre 1926 veröffentlichte Franz Rosenzweig, der Mitarbeiter Martin Bubers, kleinere Schriften zur Religion und Philosophie unter dem Titel »Zweistromland«. Gemeint waren wohl die beiden Ströme der Religion und der Philosophie, aber zugleich wurde dieses Buch zur Dokumentation eines anderen Zweistromlandes, einer geistigen Landschaft, in der sich die Ströme abendländisch-deutschen Denkens und hebräischen Erbes begegneten.

So gesehen war auch das Land meiner Jugend ein Zweistromland. Und aus diesem geographisch nicht zu begrenzenden Raum bin ich eigentlich nie ausgewandert. Es ist wohl das Schicksal meiner Generation, Bürger dieses Zweistromlandes zu bleiben.

Isar und Jordan sind weit voneinander entfernt, doch sie münden in *ein* Herz. So seltsam spielen Geographie und Anthropologie ineinander.

Man kann dieses Paradox nicht diskutieren; es ist mit uns gegeben und will in lebenslanger Bemühung bewältigt werden.

Ich habe das Mißtrauen gegenüber Zeitgenossen nie verloren, die den Ausbruch aus solcher Paradoxie für sich in Anspruch nahmen. Es handelt sich dabei um jüdische Zeitgenossen, die in der zionistischen Terminologie Assimilanten genannt wurden. Das war ganz einseitig gedacht und formuliert. Intendiert waren Juden, die sich vorbehaltlos an ihre Umwelt assimilieren wollten, dabei aber krampfhaft oder gelöst ihren eigentlichen Wesenskern verleugneten. Diese Bemühungen gelangen nur in seltenen Fällen. Max Brod, der Zionist und Nationaljude, meinte dem Dichter Rudolf Borchardt eine fast gelungene Assimilation bescheinigen zu können. Und wie tragisch war das Schicksal Borchardts, der sich im italienischen Exil in den Wirren der letzten Kriegsphase nur durch die Flucht der bereits über ihn verhängten Deportation entziehen konnte. Kurz darauf starb er in Österreich.

Assimilation gab und gibt es aber auch, so merkwürdig sich das anhören mag, in Israel. Hier bin ich dem deutschen Juden begegnet, der alle Bindungen an Land und Sprache, Kultur und Geist seiner Herkunft verdrängen wollte, um ohne alle Rückbindungen ein Hebräer unter Hebräern zu sein. Es ist so merkwürdig nicht, daß es zum Teil dieselben Menschen waren, die sich hüben und drüben vorbehaltlos an ihre Umwelt anglichen, eine Integration vortäuschend, die eigentlich Wurzellosigkeit bedeutet.

Theodor Herzl hatte dies seherisch und mit grimmigem Humor in seinem utopischen Roman »Altneuland« vorweggenommen. Gegner des Zionismus, die sich im Herkunftsland in lautstarkem Patriotismus ergingen, wurden nun im neuen Judenstaat zu unduldsamen Chauvinisten.

Herzl war ein Seher, aber ich habe diese Wirklichkeit gesehen. Wer als Bürger des Zweistromlandes geboren ist, der kann diese unsichtbare Staatsangehörigkeit nicht verlieren. Die dialektische Spannung, die mit solcher Doppelexistenz gegeben ist, kann nie ganz gelöst werden. Aber soll sie denn überhaupt gelöst werden? Kann das Spannungsfeld nicht zum Kraftfeld werden? Auf diese Frage antwortet nur unser Leben, antworten wir mit unserem Leben.

In dem Bericht, der hier vorgelegt wurde, ist nichts geglättet, nichts harmonisiert. Die Ambivalenz ist offenbar und soll nicht entschärft werden. Sie gehört zu der Existenz, die zu bezeugen war, zur Existenz im Zweistromland. Aber auch dieses ist nicht ein letztes.

Die zwei Städte meines Zweistromlandes blieben München und Jerusalem, aber über beiden leuchtet die Schrift auf:
Denn wir haben hier keine bleibende Stadt,
sondern die zukünftige suchen wir.